《史记》里^的家杰

兵家 ③

扶栏客 ◎ 著

杜李 / 绘图

山西出版传媒集团

北岳文艺出版社

BEIYUE LITERATURE & ART PUBLISHING HOUSE

图书在版编目 （CIP） 数据

《史记》里的豪杰. 兵家. 3 / 扶栏客著. -- 太原 ：
北岳文艺出版社，2015.6
ISBN 978-7-5378-4134-4

Ⅰ. ①史… Ⅱ. ①扶… Ⅲ. ①军事人物－生平事迹－
中国－古代 Ⅳ. ①K820.2

中国版本图书馆CIP数据核字(2015)第020144号

书　　名	《史记》里的豪杰·兵家3	
著　　者	扶栏客	
责任编辑	谢　放	
装帧设计	肖　背	
出版发行	山西出版传媒集团·北岳文艺出版社	
地　　址	山西省太原市并州南路57号	
邮　　编	030012	
电　　话	0351-5628696（太原发行部）	
	010-57571328（北京发行中心）	
	0351-5628688（总编室）	
传　　真	0351-5628680　010-57571328	
网　　址	http://www.bywy.com	
邮　　箱	bywycbs@163.com	
承 印 者	太原市长江孚来印刷制版有限公司	
开　　本	787×1092　1/16	
字　　数	99千字	
印　　张	7	
版　　次	2015年6月第1版	
印　　次	2015年6月太原第1次印刷	
书　　号	ISBN 978-7-5378-4134-4	
定　　价	22.80元	

序

这是一本通俗历史读物。这是一本有意思的历史书。

这套书里的历史故事背后隐藏了很多问题，这些问题涉及军事、政治、经济、社会等许多领域，这些问题中的大部分没有标准答案。这不是考试，这是历史的情景再现。在这里，我关注的不仅是事件的精确年代和描述，更是其身临其境的画面感。

我希望读者能和我一起回望历史，一起思考历史。对于那些穿越时空和人心的问题，我希望读者能自己找到答案，即使找不到答案，至少开始思考。

我也将引导读者思考中国的历史问题，通过一个个真实的历史人物故事，逐步接触和理解中国人的思维方式和五千年从未中断的文化传统。因为我们都是中国人，不管你喜欢还是不喜欢，总有一天，你会进入历史上类似的情景，面对古人曾经面对的困境或难题、荣耀或成功。当那一天到来的时候，你也许会恍然大悟，最震

撼人心而又最具现实意义的穿越不是带着手机和电脑穿越到秦朝，而是一个难题困扰了人心两千年仍然存在，一种荣耀延续了两千年仍然吸引无数热血青年为之奋斗，因此两千年后，你不得不像古人那样思考和选择。

这才是历史的现实意义，这才是中国人之所以是中国人的根本。

扶栏客

2015年5月

目录

赵国柱石——廉颇、赵奢、李牧

请太子为王，以绝秦望

廉颇留给现在读者的最深刻的印象大概有两个，一个来源于曾经收入我国中学课本的《将相和》，一个来源于辛弃疾在一首词里面的"廉颇老矣，尚能饭否"。在《将相和》里，廉颇是一个清高、倔强而又能知错改错的威武将军，但似乎只是蔺相如的配角；而辛弃疾的词是借用廉颇的典故表达自己虽然年事已高，却仍想为国效力的愿望，更多渲染的是自己壮志难酬的悲情。

事实上，历史中的廉颇是个保持着不败纪录的兵家英雄。根据《史记·廉颇蔺相如列传》记载："赵惠文王十六年，廉颇为赵将伐齐，大破之，取阳晋，拜为上卿，以勇气闻于诸侯。"纵观其一生荣辱，无不与赵国的盛衰休戚相关，客观地说，廉颇对赵国的影响甚至超过了同时代的蔺相如。《资治通鉴》的作者司马光曾经说过："廉颇一身用与不用，实让我们回到两千多年前的那个秋天，赵秦边境。

赵惠文王和廉颇站在秋风里，极目远眺，远方就是秦国了。

此时蔺相如已经成功地"完璧归赵"，但是秦强赵弱的形势并没有发生改变。数日前，秦国派来了使者，秦昭王要在西河渑池举办秦赵"高峰会议"，秦昭王热情地邀请赵惠文王参加渑池会盟。关于这次会盟的主题秦国使者语焉不详，只是转达了秦昭王希望和赵惠文王加强交流、发展友好关系的愿望。

可是事情没那么简单，且不说蔺相如当初抱着必死的决心才完璧归赵，就在此前不久，秦国就先后两次进攻赵国，第一次占领了赵国的石城，第二次再次取胜，消灭了赵国军队的两万人。这种情况下秦昭王居然邀请赵惠文王去渑池参加会盟，这在赵国君臣看来分明有黄鼠狼给鸡拜年的意思。赵惠文王打发秦国使者去休息，然后就跟蔺相如和廉颇商量。当时还没有"鸿门宴"的说法，不过赵惠文王还是本能地想拒绝秦昭王的邀请——一个居心不良的主人可能会让客人有去无回。可是廉颇和蔺相如却力谏赵惠文王赴会。廉颇和蔺相如几乎是异口同声地说："王不行，示赵弱且怯也。"此时，赵国在与秦国的军事对抗中接连失利，在赵国已经出现了"恐秦症"的迹象，如果赵国的王这时候真的像一只小绵羊一样被秦昭王吓得避而不见，那赵国也太没面子了。赵惠文王必须去，一个王不能躲着另一个王，这关系到一个国家的尊严和精神。

既然廉颇和蔺相如把是否参加这次会盟的意义上升到了如此的高度，身为一国之君，赵惠文王不能再推托了，否则，在廉颇和蔺相如等赵国精英的心目中他将失去国君的威信。

此刻站在赵秦边境，赵惠文王却异常平静，他知道参加这次会盟他可能会像一个英雄一样死去，也可能像一个英雄一样归来。身为乱世中的王者，他只能做英雄，没有第二种选择。没有了选择的赵惠文王没有了犹豫。

临行前，廉颇和蔺相如做了分工，廉颇率领赵国主力陈兵赵秦边境，以武力威慑秦国，而蔺相如陪同赵惠文王深入虎穴。

　　到了该分手的时候了，赵惠文王回过头看着廉颇，如果自己回不来，赵国的命运就要靠这位"勇气闻于诸侯"的名将了。廉颇心领神会，他对赵惠文王说："王行，度道里会遇之礼毕，还，不过三十日。三十日不还，则请太子为王，以绝秦望。"赵王亲自深入虎穴去和虎狼之国的秦王约会，最后是成是败很大程度上取决于廉颇和赵王及蔺相如的配合。按照渑池会盟的日程安排，即使算上路上的时间，如果秦昭

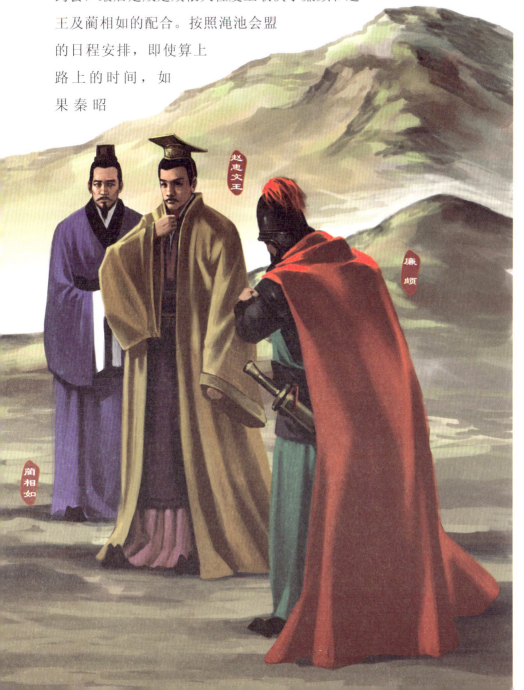

王不下毒手的话三十天之内赵惠文王一定回来了。如果到了三十天赵惠文王还不回来，那么赵王很可能是被秦昭王扣下当了人质，这是一种任何臣子都不愿甚至不敢去设想的状况，但是在这样的危急时刻，身负国家使命的廉颇不能回避。廉颇做了最坏的打算：如果三十天之内赵惠文王不回来，就拥立太子即位，从而彻底断绝秦昭王以赵惠文王为人质讹诈赵国的打算。

这个想法非常狠，不是一般人敢说出口的。如果赵惠文王对廉颇稍有疑虑，那么廉颇的这个建议完全可以被解读成心怀叵测，欲置赵惠文王于死地。如果廉颇拥立太子即位，那么廉颇就有了把持朝纲甚至篡夺政权的机会，用这种思路解释廉颇极力支持赵惠文王亲赴险地并提出这样的建议似乎非常合理。然而，赵惠文王不是一般的诸侯，他一生中重用过廉颇、蔺相如、赵奢、乐毅和田单等众多在当时赫赫有名的豪杰，就凭这些人在历史中的分量就足可以说明赵惠文王的识人智慧。事实上，认人识人并不是什么奸诈权谋，而是一种准确判断什么人在什么情况下值得信任的智慧。赵惠文王站在赵秦边境听到了廉颇提出的险中求胜的狠招，心中也不免暗暗吃惊。赵惠文王直视着廉颇的双眼，秋风掠过廉颇的胡须，赵惠文王从廉颇的眼睛里看到了坦荡和坚定。廉颇也在看赵惠文王，他从赵王的眼睛里看到了信任和责任。

信任是授权的基础，赵惠文王采纳了廉颇的建议。

渑池会盟

在渑池会盟会场上，作为主人的秦昭王面对硬着头皮来赴会的客人赵惠文王，感觉自己很强势，很有成就感。于是，他对赵惠文王说："寡人窃闻赵王好音，请奏瑟。"那年头的贵族素质普遍较高，琴棋书画都要会两下子，赵惠文王的瑟演奏得相当有水平，当时在诸侯的圈子里小有名气。秦昭王的提议似乎很合理而且很得体。赵惠文王第一次遇到秦国的"粉丝"，而且这个"粉丝"还是秦国的王。

主人盛情难却，赵惠文王只好抱起了瑟，开始演奏。

演奏完毕，没有掌声，却看见一个秦国的文官跑出来开始在竹简上记录渑池会盟的细节。这位文官是秦国的御史，专门负责记录秦国发生的大事，他写道："某年月日，秦王与赵王会饮，令赵王鼓瑟。"赵惠文王在出发前就料到秦昭王会耍手段，可是他没想到秦昭王会在这方面做文章。秦王请赵王赴会，然后提议赵王弹奏瑟来助兴的事被秦国御史用选择性的笔法一记录，就成了"赵王为秦王奏瑟"。这样的记录载入秦国的史册，将会是赵国和赵王家族永远洗刷不掉的耻辱。可是当时的情况是瑟已经弹奏了，御史也已经记录了，这一切看起来都无法挽回了。

赵惠文王呆坐在那里，羞耻的汗水顺着汗毛孔渗了出来。

蔺相如知道自己不能再继续沉默了，他站了起来向秦昭王深深地作了一个揖，然后提议秦昭王也自娱自乐一下："赵王窃闻秦王善为秦声，请奏盆缶秦王，以相娱乐。"蔺相如的提议很合理，既然赵王已经率先进行了"才艺表演"，那不妨相互娱乐一下，这样才能营造真正的娱乐气氛。蔺相如请秦王演奏的缶是一种敲击乐器，非常适合欢迎远方来的客人。可是秦昭王却不高兴了，他让赵惠文王弹奏瑟就是要借机侮辱他，如果自己答应了蔺相如的请求，那不就等于自取其辱了吗！所以，秦昭王当场就拒绝了蔺相如的请求，却没有讲出任何合理的理由。秦昭王想，在自己的国土上自己就要做主，自己不高兴的事就不做，不需要理由。

蔺相如却不依不饶地捧起了缶，跪倒在秦昭王面前，再次恳求秦昭王"秀"一下自己的才艺。

秦昭王当然不能让步。

被拒绝的蔺相如突然站起来，双目如电逼视着秦昭王："五步之内，相如请得以颈血溅大王矣！"蔺相如准备拼命了，大不了鱼死网破、同归于尽。当初为了不辱使命，保证"和氏璧"完璧归赵，蔺相如已经在秦王的大殿上用过了这招。根据蔺相如的经验，这个看似强大傲慢的秦昭王在一对一的拼命状态下其实也很怕死。

秦昭王身边的侍卫们拔出刀，围了上来。

蔺相如怒目圆睁环顾四周，以一个人的杀气对抗一群人的杀气。根据司马迁的描述，蔺相如的眼神虽然杀不了人，但是的确很吓人。《史记》记载："左右欲刃相如，相如张目叱之，左右皆靡。"秦昭王的手下侍卫看到蔺相如威胁自己的王，本来已经动了杀机，但是当他们接触到蔺相如锋利的眼神，不由自主地将目光跳开了，两只脚不约而同地向后退去。当锋利和锋利对决，心怀侥幸的锋利必然败于但求一死的锋利。从坚决支持赵惠文王前来赴约的那一刻起，蔺相如就已经做好了赴死的准备。况且"五步之内"这个关键距离，也令秦国的侍卫们陷入了窘境——究竟是上还是不上，能让秦王摆脱威胁——就这样，一个人镇住了一群人。让我们闭上眼睛想象一下当时的情景：渑池会盟上蔺相如锋利的目光像机关枪一样扫射一圈，毫不留情地击溃了如狼似虎、手持利刃的秦国侍卫们的心理防线——侍卫们确信不上秦王更安全。如果这不是特异功能，那就只能称作精神力量了。

就这样，遇到硬汉的、傲慢骄横的秦昭王只好低头了。

渑池会盟的现场传来了秦昭王击缶的声音，只是不通音律的人也能听出来秦王的演奏很不着调。如果秦王弹奏的曲子也能算得上旋律，那么这个旋律的主题就是烦躁和恐惧。

蔺相如把随行的赵国御史叫了过来，让他记录："某年月日，秦王为赵王击缶。"

第一个回合，看似打了平手，实际上秦昭王输了，自取其辱说的就是他这种人。

秦国的群臣很没面子，蔺相如居然在秦国的土地上让秦王君臣威风扫地，而且这已经是第二次了。于是秦国群臣又提出了一个可笑的建议："请以赵十五城为秦王寿。"赵国要祝福秦王就要献出十五座城邑，按照这种逻辑，只要六国诸侯一起不断地祝福秦王，不到三天秦国就可以提前横扫六国、统一天下了。要比狠，秦国群臣全加起来也比不上蔺相如，蔺相如回答："请以秦之咸阳为赵王寿。" 赵国以十五座城邑祝福秦王虽然礼物有点重，但是赵国还有立国的根本，如果按照蔺相如的提议秦国把都城咸阳送给赵国以后就可以宣布破产倒闭了。秦昭王准备好了一切要羞辱赵惠文王，享受成功者居高临下的喜悦，却没想到再次被蔺相如打乱了计划。

　　渑池会盟很像一场闹剧，秦昭王虽然很郁闷，但是他已经接到情报，廉颇此刻已经在秦赵边境上集结了赵国的主力部队，随时准备开战。此刻翻脸显然不理智，最后秦昭王只能眼睁睁地看着赵惠文王安全地回国了。

知耻近乎勇

　　尽管困难重重，蔺相如还是给赵惠文王挣回了面子，为了表彰蔺相如的突出贡献，赵惠文王回国后马上提拔蔺相如当了上卿。廉颇早就当了上卿，但是这次蔺相如不仅一步登天进入了赵国的权力核心，而且排在了廉颇的前面。廉颇不平衡了，自己出生入死许多年不如蔺相如动动嘴皮子。廉颇是个很耿直的人，从来不会掩饰自己心里的不痛快，他公开宣称："我为赵将，有攻城野战之大功，而蔺相如徒以口舌为劳，而位居我上。且相如素贱人，吾羞，不忍为之下！"廉颇的愤怒看起来很有道理，首先是他觉得自己的功劳是真刀真枪打出来的，而蔺相如凭着耍嘴皮子就爬到了自己头上，这很不公平；再其次是蔺相如出身卑贱，最初他只是宦者令缪贤的门客，和廉颇根本就不在一个档次。廉颇的心情可以理解，但廉颇的想法却是错误的。有句话叫"弱国无外交"，尤其是在战争时期，弱国与强国之间根本没有平等的外交关系，完全是弱肉强食。蔺相如和秦国这样的虎狼之国讲道理、谈正义，首先就得有将士们那种不怕死的精神。可廉颇不理解、不认同蔺相如的价值，而且为了证明蔺相如的确是"贱人"，廉颇公然向蔺相如提出了挑战："我见相如，必辱之。"

　　这个消息很快就传到了蔺相如耳朵里。

　　蔺相如既没有生气也没有委屈，他选择了逃避。只要廉颇出现，蔺相如就躲开，在外人看来廉颇和蔺相如不是两个上卿之间的关系，而是"猫和老鼠"的关系。上卿蔺相如的门客看不下去了。有门客代表向蔺相如直言不讳："臣所以去亲戚而事君者，徒慕君之高义也。今君与廉颇同列，廉君宣恶言而君畏匿之，恐惧殊甚，且庸人尚羞之，况于将相乎！臣等不肖，请辞去。"门客们背井离乡投靠蔺相如是因为蔺相如的"高义"，可是如今"高义"的上卿却被另一个"争风吃醋"的上卿吓得望风而逃，这多少让门客们感到有些羞耻。

　　面对失望的门客们，蔺相如提出了反问："公之视廉将军孰与秦王？"

蔺相如问的当然不是廉颇和秦王的武功，而是两个人的权势，或者说掌握的可支配资源。

门客回答："不若也。"

既然门客承认了作为标杆的秦王比廉颇的权力大、地位高，蔺相如就顺势展开了自己的逻辑推理："夫以秦王之威，而相如廷叱之，辱其群臣，相如虽驽，独畏廉将军哉？顾吾念之，强秦之所以不敢加兵于赵者，徒以吾两人在也。今两虎共斗，其势不俱生。吾所以为此者，以先国家之急而后私仇也。"

蔺相如的回答再次证明了自己的高风亮节，这样的高风亮节是否感动了门客，《史记》中没有记载，不过蔺相如的话很快又传回到了廉颇的耳朵里。

耿直的廉颇不仅感动了，而且感到了深深的羞耻。同样是上卿，面对名誉和地位，蔺相如奉行国家利益至上，而自己为了面子和虚荣不顾一切。孔子说过"知耻近乎勇"，勇敢的廉颇决定马上采取行动。

某一天的上午，上卿蔺相如的府邸。

蔺相如此刻正坐在书房里读书，书案边香烟缭绕。

窗外天高云淡，风起时，四面树木萧瑟，院子里有几只麻雀在聊天。

突然，门外一阵喧哗。

有家仆来报：廉颇将军已经到了府门外。

蔺相如大惊：难道那只"老猫"不依不饶追到家里来了？

蔺相如知道这次是躲不过去了，看来逃避也许真的不能解决问题，那倒不如从容面对。

当蔺相如盛装走出府门的时候，眼前的一幕让他大吃一惊：门口的廉颇光着膀子，背后绑着荆条站在那里，而府门前已被群众围得水泄不通。对于邯郸的市民来说，上卿廉颇以这种造型出现在另一个上卿的门前实在出乎所有人的想象，不能不让人们期待着故事的继续发展。

廉颇见到蔺相如，急忙下拜，他说："鄙贱之人，不知将军宽之至此也！"

这就是成语"负荆请罪"的出处，后来这个成语被反复引用，但是大多数人引用这个成语也不过是说说罢了，能正确认识自己错误的人本来就很罕见，何况还要以一种近乎自虐的形式来检讨错误更是"难于上青天"。可是廉颇却做到了，他创造的这个自我批评的形式震撼人心。

蔺相如就被深深地震撼了。当蔺相如还是宦者令缪贤手下门客的时候他就认识廉颇，在蔺相如的眼里廉颇总是高高在上、威严尊贵，在赵国军中和朝野，廉颇这个名字就意味着胜利、尊严和光荣，这位战神从来没有让赵国的君主、士兵和百姓们失望过。当初蔺相如只能默默地仰视名将廉颇，而廉颇甚至都不知道还有蔺相如这样一个人。蔺相如也曾经暗暗在心中把廉颇当成自己仕途生涯的一个标杆，随着他与这个标杆的地位逐渐接近，蔺相如觉得压力与日俱增，直到渑池会盟之后自己顺利地超越了这个标杆，蔺相如仍然觉得这种感觉很不真实。如今这个自己已经超越了的标杆人物为了求得自己的原谅而低调到了自虐的程度，在那一刻，蔺相如突然明白了一件事：世上有些人无论你怎么努力也无法超越。廉颇就是这样一个人。

就这样，赵国的两位上卿互相感动着，建立了"刎颈之交"的深刻感情。

自从廉颇与蔺

相如建立了和谐关系，廉颇的工作积极性空前高涨。廉颇和蔺相如这一对黄金搭档开始实施扩张和巩固东方边界的"东扩计划"。也就在那一年，廉颇率领赵军向东方征讨齐国，与齐国主力遭遇，齐国的一支部队遭到了廉颇军团的歼灭。又过了两年，廉颇再次讨伐齐国，占领了齐国一个叫作几的城邑，将这个地方划入了赵国的版图。三年后，廉颇率领部队讨伐魏国，向魏国的防陵和安阳发起了进攻，并且最终占领了这两个地方。四年后，蔺相如带兵进攻齐国，这一次蔺相如深入到了齐国的平邑后才带兵撤退。

在廉颇和蔺相如的精心设计和积极推进之下，赵国的"东扩计划"顺利地实现了预期目标，不仅将赵国的东方边界向前推进，从而大幅度地拓展了领土，而且也通过武力有力地震慑了东方的齐国和魏国，提高了赵国东方边界的安全指数。

"非著名"的将军

就在蔺相如取得讨齐远征胜利之后的第二年，秦国出兵讨伐韩国，当时的秦军已经到达了韩国一个名叫阏（yù）与的地方。军情紧急，而韩国此时无力与秦国抗衡，只好向友好邻邦赵国派出使者请求援助。赵惠文王认为如果任凭秦国在自己的西边蚕食韩国，将会严重影响到赵国的利益和安全，于是他决定派兵援助韩国。

赵惠文王首先想到了廉颇，可是当他向廉颇征求意见的时候，这位成名已久的"赵国柱石"、名将却坚决反对赵国派兵救援。廉颇的理由很简单："道远险狭，难救。"从地图上看，通往阏与的地形狭长，两边都是山脉，这种地势利于守而不利于攻。赵国派兵救援就必须通过这个狭长的山谷地带，如果秦军在这个地方设伏，那么赵军很可能还没有赶到目的地就要遭到全军覆没的厄运。当然赵军顺利通过这个死亡通道的可能性也不是没有，但是必须要在秦军之前抢先占领有利地势，控制出兵的要道。然而此刻秦军已经先发制人派了兵，赵军要获得战场的主动权似乎已经不可能实现了。从地势和时间上分析，这样的远征显然要犯兵家大忌。

从军事技术上讲，廉颇的理由很充分；但是从政治需要上讲，赵惠文王不能坐视秦国侵略自己的同盟韩国而不顾。这种分歧产生的原因是由于不同角色所需承担的责任不同。

于是，赵惠文王只能另外选将，根据《史记·廉颇蔺相如列传》记载，赵惠文王在被廉颇否定以后就向乐乘请教，希望乐乘能挺身而出领兵救援韩国。这里引出了《史记》中的又一个疑案：乐乘是乐毅的后代，根据《史记·乐毅列传》的记载，白起率领秦军在长平大破赵军并活埋了四十万赵国俘虏之后，燕国的相国栗腹极力鼓动燕武成王派兵讨伐赵国，企图趁机占便宜，没想到后来燕国远征军被廉颇领导的赵军打得大败。栗腹和跟随他讨赵的乐乘都当了俘虏，栗腹被杀，而乐乘就归顺了赵国，后来还被赵国封为武襄君。如果《史记·乐毅列传》的记载没有错误，那么乐乘归顺赵国应该发生在秦赵长平大战之后，而那时候赵惠文王已经死去了七年，当时赵国主政的是赵孝成王。所以这里出现了一个问题，关于乐乘在赵国的出场时间《史记·乐毅列传》和《史记·廉颇蔺相如列传》的相关记载产生了明显的自相矛盾。扶栏客认为应该是《史记·廉颇蔺相如列传》中的记载出现了谬误，在这里乐乘应该是乐毅，因为乐毅在燕惠王罢免其兵权以后就投奔了赵惠文王，并被封为望诸君。从时间和当事人来看，乐毅最符合条件；而从资历和名气来看，也只有乐毅能与廉颇相提并论，所以赵惠文王选将时把乐毅作为仅次于廉颇的第二候选人也最合理。至于司马迁为什么会犯这样一个低级错误，扶栏客认为是人都会犯低级错误，司马迁的这个错误很可能类似于现在我们有时候会把两个相近的名字叫错一样，心里想的是A，说出来却是B，历史学家也是人，也可能犯张冠李戴的错误。后来司马迁的这部皇皇巨著逐渐流传开来，最终被奉为史学经典。而由于某些原因，或者出于不怀疑的态度，或者出于谨慎的考虑，总之，这个错误一直保留到了今天。当然这只是扶栏客的一家之言，如果有人能提出更合理的解释，可以一起探讨，以资读者读史之趣。

　　赵惠文王向乐毅请教他对出兵援救韩国的意见，其实也就是希望乐毅能够接下廉颇不愿意接受的任务。不过赵惠文王再次失望了，这位当年五国讨齐联盟的总司令对这件事的看法跟廉颇如出一辙。

　　身为久经阵战的兵家名将，廉颇和乐毅都不会打一场没有把握的仗，而救援韩国的军事行动被两位战国时期排名TOP10（前10名）的名将否定之后似乎也失去了可操作性。

　　然而被名将否定的计划对"非名将"来说也许就是一个机会，就这样，一位在当时战国军界的非著名将军赵奢应运而生。当时赵奢是掌管全国赋税的官，虽然也是高级官吏，但是跟带兵打仗扯不上半点关系。看到名将廉颇和乐毅都表现出来了理智的畏难情绪，赵惠文王很失望，他急需一位富有冒险精神的将军站出来创造奇迹，于是就找到一贯迎着困难上的赵奢了。

田部吏的胆识

　　赵奢是从当田部吏（征收田赋的小官）开始，一步一步凭着工作业绩成长起来的。他之所以能够脱颖而出，被任命为掌管全国赋税的官，不仅是因为他工作能力强、精通政策和业务，更重要的是，他原则性强，执法无私、不畏强权、胆识过人，有着一股决不妥协的精神。那时，赵奢还只是一个征收田税的小吏，但他却遇上了抗税大户。这个抗税大户就是战国时期赫赫有名的四公子之一的平原君赵胜。平原君赵胜在赵惠文王和赵孝成王的两朝，三次出任赵国相国，三次被罢免，三次恢复职务，政治生涯上的三起三落使得这位贵族成了一位神话般的政坛人物。当时的平原君不仅是赵国的大官僚，而且也是大地主，他带头不缴税，其他的地主自然也能赖就赖、能拖就拖，赵奢的工作就陷入了被动。普通税务官吏遇到这种事只能睁一只眼闭一只眼，然而原则性很强的赵奢认为自己当了税务官就必须对赵国负责任，而且他并不认为自己对赵国负的责任比相国平原君赵胜的责任轻。赵奢决定以果断的行动来严肃税务制度，于是他做主把平原

君家抗税的九个相关责任人抓起来，并依法下令处死。

赵奢这下子捅了马蜂窝，平原君没想到一个小小的田部吏竟然敢在太岁头上动土，盛怒之下他动了杀机。赵奢的同僚们都觉得他这次肯定完了，平原君不轻易动怒，赵奢惹怒了平原君必死无疑。在自己脑袋即将搬家的生死关头，赵奢没有惊慌失措、坐以待毙，他主动找到了平原君汇报工作，他说："君于赵为贵公子，今纵君家而不奉公则法削，法削则国弱，国弱则诸侯加兵，诸侯加兵是无赵也，君安得有此富乎？以君之贵，奉公如法则上下平，上下平则国强，国强则赵固，而君为贵戚，岂轻于天下邪？"身为在赵国享有崇高地位和待遇的平原君赵胜本来应该带头做一个模范纳税大户，可是他却偏偏要搞特殊，带头违法乱纪，当了抗税大户。赵奢说的道理其实很简单，但是这个简单的道理在赵奢之前从来没有人跟平原君说过，天长日久，不正常的不纳税变成了正常的不纳税，而这种不正常的正常就变成了赵国的国情。只是，这种国情下的赵国怎么可能真正富强起来？最终，身为赵国相国的平原君赵胜又怎么能够对得起赵国给予他的崇高地位呢？

本来想要杀人泄愤的平原君赵胜被赵奢一记当头棒喝清醒了

赵奢

过来，田部吏赵奢的解释不仅逻辑严密而且水平很高，他没想到一个田部吏居然具有这样的思想境界和理论水平，更没想到一个位卑言轻的田部吏居然有这样的胆魄，敢于面对面地痛批赵国相国的错误。于是一向以爱才惜才著称于世的平原君赵胜不仅打消了杀人的动机，而且还积极地向赵惠文王推荐了赵奢。敢于得罪平原君的人本来就凤毛麟角，得罪平原君以后还能凭一番慷慨陈词让平原君心悦诚服的人简直就是奇人。赵惠文王也被赵奢的胆识打动了，就这样，赵奢被任命为掌管全国赋税的官，全面主持赵国的税收工作。在赵奢的努力下，赵国很快就"国赋大平，民富而府库实"。

狭路相逢勇者胜

现在，两次在"名将"处碰壁的赵惠文王用期待的目光望着赵奢。赵奢果然有胆色，他说："其道远险狭，譬之犹两鼠斗于穴中，将勇者胜。"从此"狭路相逢勇者胜"就变成了一个典故，不过当时赵奢形容的不是两个剑客，而是两只老鼠在地洞里遭遇的情景。赵奢决定做一只勇敢的老鼠挺身而出，赵惠文王非常高兴，马上任命赵奢为将军，领兵出征救援韩国。只是，隔行如隔山，这位有原则、有能力的税务官可能完成一件连"名将"都不愿接手的军事任务吗？

赵奢最终以自己的实际行动证明了一个道理：世上无难事，只要肯拼命。

赵奢率领大军出征，离开邯郸三十里的时候，赵奢下令："有以军事谏者死。"赵奢不仅有胆量，而且也不缺头脑，他当然知道廉颇和乐毅都不敢接手的工作一定是一件几乎不可能完成的任务，所以他决定让那些动摇军心的人统统闭嘴。

当时的秦国大军早已来到了武安的西面，为了威慑赵军，秦军开始操练军队。秦国大军战鼓擂起，喊杀声震天。秦国大军那次军事示威估计产生了相当于三级地震的冲击波，因为根据《史记·廉颇蔺相如列传》的记载，当时武安城里房屋上面覆盖的瓦片都被震得发出了"哗啦啦"的响声。武安危急的军情很快报到了赵奢军中，赵奢帐下的一名军官情急之下忘记了赵奢立的规矩，他站出来请求赵奢尽快赶到武安救援。这位军官的建议当然也是"以军事谏"，所以这位倒霉的军官就被赵奢下令拖出去砍了脑袋。站在赵奢帐下的众将领倒吸了一口凉气，从此以后没人再敢跟赵奢废话了。杀了倒霉的军官，赵奢下令原地扎营，然后组织全军士兵挖战壕、筑工事，一副就地抵抗秦军的架势。就这样，赵奢原地不动地守了二十八天，丝毫没有要开赴前线的意思，只是军营周围的工事已经修得颇具规模。这时秦国大军派出的侦察员来到了赵奢军前，赵奢不仅把这位奸细放进了大营，而且还好吃好喝好招待了一番，然后就打发奸细回去了。秦国侦察员回到了自己的军中，马上向领兵的将军汇报了自己在赵奢军中的所见所闻。秦国将军听到汇报以后大喜："夫去国三十里而军不行，乃增垒，阏与非赵地也。"人们都愿意相信对自己有利的信息，而忽略对自己不利的迹象，秦国将军也不例外。这次秦国将军只看到了赵奢在距离邯郸三十里的地方构筑工事坚守的现象，为了自己的胜利他很自然地把赵奢的行为理解成了不思进取，甚至是畏惧不前。而那位侦察员轻易获得的情报当中显现出来的诸多疑点就被这位将军很轻易地忽略了。

就在秦国将军得意扬扬地鄙视着赵奢的时候，赵奢已经在路上了。赵奢大军几乎是紧跟着秦国侦察员出发的，经过两天一夜的急行军，赵奢大军突破了狭长危险的地带，突然出现在秦国大军的面前。

一场秦国将军始料不及的遭遇战一触即发，两军阵前连飞鸟都不见了踪迹，空气紧张得像是瞬间遭到了急速降温而被冻结。

这时赵奢帐外出现了一个名叫许历的小兵，这个不怕死的小兵不顾一个月前倒霉军官的前车之鉴，居然要求向将军赵奢提合理化建议。出人意料的是赵奢并没有翻脸杀人，而是把小兵请进了自己的大帐。小兵许历面对将军赵奢毫不紧张，直截了当地提出了加强防守的建议："秦人不意赵师至此，其来气盛，将军必厚集其阵以待之。不然，必败。" 赵奢大军的出现虽然出乎秦国将军的意料，不过秦军以逸待劳，气势正盛；而赵军远道而来，立足未稳，如果赵奢不集中兵力严阵以待必然会遭到失败。一个月前说翻脸就翻脸的赵奢此时突然变得很谦虚、很温和，他非常诚恳地接受了小兵许历的建议，说："请受令！"小兵许历却很自觉地表态"请就铁（fū）质之诛"。既然将军赵奢曾经立过规矩，那么破坏规矩的小兵许历此刻头上就悬着一把刀。然而此刻的赵奢只是说："胥后令。"赵奢的说法很含糊，他既没有鼓励小兵许历的越级提议，也没有要惩罚他的意思，而是说等以后再说。聪明的许历在走到赵奢帐前冒死提议之前，他在心里肯定已经经过了周密的盘算，他确定胆识过人的将军赵奢一定喜欢勇敢的手下。当然小兵许历能被司马迁载入《史记》绝不仅仅是因为勇敢，他向赵奢提出的第二个建议显示了这位小兵的确具备了担任"军师"的素

质和潜质。小兵许历说："先据北山上者胜，后至者败。"兵法上说：居高临下，势如破竹。当时赵秦两军遭遇，北山是第一制高点，谁占据了这里，谁就掌握了战场的主动权。小兵许历提出的建议在今天看来似乎是基础的军事常识，然而在两千多年前，能在遭遇强敌的第一时间做出这样迅速的判断，仍然征服了税务官出身的将军赵奢。学习能力过人的将军赵奢当下就认定小兵许历的建议是正确的，于是马上派出了一万多精兵迅速抢占北山制高点。果然，就在赵国军队爬上北山之后不久，秦国大军也派出了敢死队来抢夺北山阵地。北山的争夺异常惨烈，山坡上、山脚下到处都是秦军士兵被利箭射穿、被山石砸死的尸体。最后，由于赵军死守住了制高点，赵奢才得以"纵兵击之，大破秦军"。

秦军丢下漫山遍野的尸体撤退了，阏与重新回到了韩国的版图，赵奢完成了这个不可能完成的任务也率领远征军回国了。

就这样，赵奢一战成名，被赵惠文王封为马服君；而小兵许历也得到了提拔，被封为国尉。从此以后，赵奢进入了赵国的权利核心，"与廉颇和蔺相如同位"。

老将军被罢免的前后

赵秦阏与之战后的第四年，赵惠文王去世了，赵孝成王即位。又过了七年，秦国大军和赵国大军在长平遭遇，战国历史上著名的长平之战爆发了。

长平之战，赵国元气大伤。对于赵国的窘境，燕国的相国栗腹看在眼里，喜在心上。这位相国实际上和赵孝成王有着同样的爱好，那就是喜欢占便宜。于是，在栗腹的极力鼓动下，燕武成王派出了以栗腹带队的燕国"占便宜"远征军，跑到赵国来占便宜来了。

赵孝成王尝到了军事理论家的苦头，终于决定起用廉颇了。

于是廉颇再次披挂上阵。由于"赵壮者尽于长平，其孤未壮（赵国的青壮年都在长平死光了，他们的孩子都还没有长大）"，廉颇就率领着赵国"童子军"抵御栗腹的进攻。这次战争廉颇大获全胜并且乘胜追击，最后迫使燕国割让了五个城邑之后停战。为了表彰廉颇在赵国危亡之际的突出贡献，赵孝成王把一个叫作尉文的地方分封给了廉颇，并且授予廉颇信平君的称号，同时任命廉颇担任赵国的代理相国。

赵孝成王在长平付出了四十多万条生命的沉重代价以后，终于换来了对廉颇的正确认识，廉颇重新回到了赵国的权力核心。而此时蔺相如、赵奢等豪杰都已经作古，因此恢复了工作的廉颇实际上成了赵国的第一重臣。

又过了六年，廉颇率领军队讨伐魏国，并且成功地占领了魏国的繁阳。赵国是一个具有可怕恢复能力的诸侯国，在经历了长平惨败以后，它不仅顶住了燕国的趁火打劫，并且趁势获得了五个城邑的割地，又过了六年，它居然主动发动了对邻国魏国的进攻，并且再次成功地扩张了领土。这对于一个只有几百万人口的诸侯国来说实在是一个奇迹，而创造这个奇迹的人就是老将廉颇。

当廉颇在长平前线被免去"前线总司令"的职务以后，那些依附于廉颇的门客们纷纷自谋出路离开了这位"下岗将军"，这让廉颇感叹世态炎凉。在长平大战之后，廉颇不仅恢复了工作，而且地位更加尊贵，这时那些门客们又纷纷回来了，要求恢复了工作的廉颇也能恢复他们以前的工作。门客们这种势利小人的做法让耿直的廉颇很难接受，于是他公开拒绝了热情的门客们，他说："客退矣！"这时门客们当中有一个人站了出来，理直气壮地拒绝了"廉颇的拒绝"，非要恢复工作不可，他说："吁！君何见之晚也？夫天下以市道交，君有势，我则从君，君无势则去，此固其理也，有何怨乎？"这位门客意在点出人际关系的本质，他认为人际关系中也存在着"市场规律"。廉颇有权势的时候就能给身边的人带来更多机会，所以门客自然会跟随廉颇；而当廉颇失去了权势，自然也就失去了给身边的人带来机会的能力，因此门客们自然就会离开廉颇。这位门客不仅没有为自己的势利行为感到惭愧，反而对廉颇的表现感到震惊。在门客们看来，廉颇因为门客们的势利而怨恨门客们实在是大惊小怪。看到这位门客的"高论"，扶栏客不得不佩服这位门客的坦率和执着，但是扶栏客同样认为这位门客所说的"道理"只适用于混饭吃的门

客，而不适用于做大事的豪杰。实际上，廉颇之所以能成为豪杰而不是跟着豪杰混饭吃的门客，从根本上说，是因为他信奉的价值观和审美观与门客们不同。廉颇最终有没有原谅那些门客，在《史记》里没有记载，也许司马迁认为，与门客提出的"市场规律的原则"相比这并不重要。

廉颇老矣，尚能饭否

廉颇的府上再次热闹了起来，进入权力核心的廉颇迎来了自己政治生涯的第二春。可是从来都是明君活不过名将，何况是在付出惨重代价以后才开始懂事的赵孝成王。就在廉颇成功攻占魏国的繁阳以后不久，这位终于学会善待人才的诸侯王去世了，他的儿子即位，赵国进入了赵悼襄王统治的时代。随着新任诸侯王的上台，老将廉颇的好日子很快就到头了，这意味着赵国的好日子也要到头了。赵悼襄王和自己老爸年轻的时候一样多疑偏执，缺乏正确的判断能力，因此，他一样需要交足昂贵的"学费"才能胜任自己的岗位，这就是专制制度的先天缺陷。和自己的父亲赵孝成王年轻的时候一样，赵悼襄王也不喜欢耿直而威严的军事权威廉颇，因此他做出了一个危险的决定，任命名将之后的乐乘取代廉颇掌握赵国的兵权。这次廉颇不愿意再继续委曲求全了，他被赵王家族这种缺乏信任能力的顽固家族遗传病彻底激怒了，于是，廉颇和前来交接工作的乐乘火并了。乐乘哪里是廉颇的对手，只好仓皇逃窜，而廉颇因为犯下了严重错误也不得不出走到了魏国的大梁。

就在廉颇出走后的第二年，赵国选拔了另一位出色的名将李牧担任赵国的将军。在这一年，李牧率领赵军进攻燕国，占领了燕国的武遂和方城两个地方。

廉颇在大梁的生活很优越，却也很无聊。对于这位享有盛名的赵国名将，魏王既尊重又敬畏，但他实在不敢轻易任用这样负气跳槽的豪杰来掌握军权。而离开了祖国和战场的名将廉颇，在魏国实在找不到自己的人生目标和定位，所以很快就陷入了苦闷。

此时的赵悼襄王已经付出了很多学费，自从廉颇出走以后，赵国在与秦国的对抗中接连失利。现实中的惨痛损失让这位年轻的诸侯王不得不开始考虑重新起用那位在对秦战争中总是保持不败战绩的传奇将军。于是赵悼襄王派出了使者前往大梁看望廉颇，以确认廉颇的身体状况确实可以继续胜任赵国的将军，毕竟此时的廉颇早已进入花甲之年，即便是在现在，也早就过了退休的年龄。

赵悼襄王的决定让一个人很紧张，这个人就是赵国历史上著名的奸臣郭开。郭开和廉颇之间的斗争由来已久，在赵国，这两个人就是一对天敌，而两方的势力基本处于此消彼长的竞争状态。廉颇如果再次恢复工作，对郭开而言就意味着自己权力版图的损失。于是，郭开在使者临行前把他找来谈话。郭开和使者的谈话很简单，对廉颇就一个字：毁。而为了这个字，郭开给了使者一个大价钱。看着堆在自己面前的黄金，使者

本能地伸出了手。

老将廉颇听说赵悼襄王派来了使者非常兴奋，作为土生土长的赵国将军，廉颇把毕生的荣誉和价值都留在了赵国。当初因为和乐乘争军权而和赵王决裂也是一时冲动，来到大梁以后，优越和无聊的生活让廉颇日夜思念赵国。现在赵悼襄王终于捐弃前嫌派出了使者，廉颇觉得自己马上就要迎来生命中的又一个春天。为了表现自己超越实际年龄的超人身体素质，廉颇在接待赵王使者的时候特意安排和使者一起吃饭。席间廉颇吃掉了一斗米饭、十斤肉，以证明自己虽然年纪大了，但是仍然牙好、胃口好，身体倍儿棒，吃饭倍儿香。虽然我们知道古时候的重量单位不等同于现在的重量单位，但有一点可以肯定，廉颇当天吃掉的食物仍然创造了战国时期老年组的饭量纪录。吃完了饭，廉颇又披甲上马，向赵王的使者秀了一下自己风采依旧的武艺。

赵王使者回国了，留下年过花甲却仍然满腔热血的廉颇在大梁苦苦等待。使者在向赵悼襄王汇报的时候巧妙地履行了他对郭开的承诺，他说："廉将军虽老，尚善饭，然与臣坐，顷之三遗矢矣。"使者的汇报很有技巧，他既然拿了郭开的金子就必须要按照约定毁廉颇，可是他也知道诋毁这位名满天下的赵国国宝自己将承担巨大的风险。如果使者彻底否定廉颇，比如说廉颇已经病入膏肓、奄奄一息，万一赵悼襄王不死心而再次派人去核实，使者很可能就要掉脑袋。所以使者想出了这样富有弹性的汇报内容，他的话一半真一半假，廉颇饭量大是事实，而说一会工夫廉颇三次上厕所则是使者瞎编出来的。如果有一天赵王派人调查以后找这位使者对质，他还是可以蒙混过关——毕竟当时没有第三个人在场，没有证据最后只能不了了之。赵悼襄王听到使者这样汇报，马上打消了再次起用廉颇的念头。对于廉颇被陷害而丧失这次报效祖国的机会，后人大多只是谴责郭开的卑鄙并替廉颇鸣不平，但是扶栏客认为，造成廉颇被弃用的根源可能还是在赵悼襄王身上。事实上，这位诸侯王很可能只是迫于当时赵军屡次败于秦军的压力，为了平息赵国国内起用廉颇的呼声而做出的一个姿态。如果赵悼襄王真的有诚意再次恢复廉颇的地位，那么使者的汇报完全可以这样理解：廉颇将军虽然年纪大了，但是身体仍然非常强健，只不过偶尔吃坏了肚子，吃点止泻药就解决了。或许赵悼襄王需要的只是一个证明自己当初没有犯错的理由，而郭开甚至使者很可能也看透了这一点，所以只能留下"廉颇老矣，尚能饭否？"的千古遗憾了。

廉颇在大梁苦苦等待却等不来赵王的消息，只好再次陷入苦闷。后来楚王听说了廉颇的遭遇，非常希望这位令各国诸侯侧目的名将能为我所用，于是就偷偷地派人到大梁把廉颇接走了。廉颇到了楚国以后被任命为楚国的将军。不过，也许是廉颇无法适应楚国的环境，在他担任楚国将军期间没有立下任何可以载入史册的功劳。

廉颇在楚国的时候曾经多次发出感慨"我思用赵人"，这位赵国本土的名将始终没有放弃有朝一日回到祖国报效的希望。但是毕竟岁月不饶人，最后老将廉颇在楚国的寿春郁郁而终。

龟缩战略

战国是个人才辈出的时代，但是像赵国这样前后出现廉颇、赵奢和李牧三位绝世名将的诸侯国在当时仍然非常罕见，这也许就是赵国能够长期担当抗秦主力的原因之一——赵国大概是当时六国当中唯一一个掌握的名将资源可与秦国抗衡的国家。自从廉颇出走以后，赵国军队出现了名将真空，而此时秦国正在蒸蒸日上，形势对赵国非常不利。可是就在这紧急关头，李牧出现了，这位将军虽然资历比不上廉颇，但是从他的战绩来看却是毫不逊色。

李牧的出身在当时的战国名将当中相当另类，他的早期战争经验和军事智慧不是来自于与其他六国之间的战争，而是来自于和匈奴的较量。事实上，李牧应该是中国历史上第一位代表农耕民族成功抗击游牧民族侵袭的名将，而且就其可以调动的资源和取得的战绩来看，李牧也是抗击匈奴的战争史上最成功的一位名将，甚至远远超过了汉朝的卫青和霍去病。

根据《史记》的记载，李牧最早是负责防守赵国北部边疆的将领，长期以来驻守在代和雁门一带，也就是今天的山西北部。当时的李牧不仅负责赵国北部的防务，同时也是北部边疆的行政长官，有权在当地任命官员。根据《史记》对李牧的权力和职责的记载，这位边疆名将实际上是赵国北部边疆集军权和行政权于一身的"封疆大吏"。

李牧的管辖地以北就是辽阔的大草原，那里是游牧民族匈奴的地盘。匈奴人依靠马的速度，每每像飓风一样扫过赵国边境，掠走牛羊、粮食和赵国百姓——只要有机可乘，匈奴人基本上是见啥抢啥。尤其当草原遭受自然灾害，匈奴人在自己的地盘上吃不饱的时候，他们就会越过边境来到农业文明地区自己找饭吃。匈奴的这种习惯让祖祖辈辈坚持自力更生、勤劳致富的农民和负有保护职责的当地官府苦不堪言。从战国到两汉的数百年间，匈奴一直是一个让历代君王头痛的名词。

为了有效地对付匈奴的骚扰和入侵，李牧将工作重心放在了军队建设方面，他不仅把当地的财政收入重点用于军费开支，而且努力改善士兵们的伙食。为了提高士兵们参加军事训练的积极性，李牧每天都要宰杀几头牛来改善士兵们的伙食。因为有了香喷喷的牛肉，士兵们参与军事训练的热情非常高涨。这些农民的孩子如果在家种地是不可能天天吃牛肉的。因此，在李牧全面主持赵国北部边疆工作期间，"当兵打仗吃牛肉"成了一句极富感染力的征兵和动员的口号。就这样，李牧一边杀牛一边训练，逐渐带出来了一支能骑擅射的队伍。由于匈奴的骑兵具有很强的机动性，所以匈奴擅长突然袭击，占了便宜就跑。为了掌握匈奴的动向，李牧加强了长城沿线的烽火台的警戒，同时派出了很多"侦察员"随时打探匈奴的军情。

尽管李牧似乎做好了一切与匈奴开战的准备，但是对待匈奴，李牧却采取了非常保守的龟缩战略，他曾经下过这样的命令："匈奴即入盗，急入收保，有敢捕虏者斩。"按常理来说，将军都要鼓励将士们积极主动地奋勇杀敌，可是李牧却命令一旦匈奴入侵，各处驻军不得主动出击，而必须撤回长城沿线要塞防守。为了强调这个命令的严肃性，李牧宣布有胆敢主动出击抓获俘虏的人必须斩首。自古以来，将军都要表彰奖赏在战斗中捕获俘虏的战斗英雄，到了李牧这里却反其道而行之，抓获俘虏不仅没有奖金拿，反而要掉脑袋。从表面来看，李牧的龟缩战略不仅让人很难理解，而且也很不具有观赏性，颇有贪生怕死、畏敌不前的嫌疑。但是，李牧的这种龟缩战略在实战中却取得了不错的效果。在李牧担任赵国北部边境军政长官的早期，匈奴曾经多次入侵，李牧的部下严格执行了他的命令，一边进入长城要塞坚守，一边点燃烽火告警。几年下来，匈奴始终无法突破长城要塞，赵国北部边境的百姓因此也没有遭受到实质性的损失。匈奴虽然占不到便宜，却开始鄙视李牧了，这个强悍的民族崇拜勇武好战的英雄，而这个李牧却总是龟缩在坚固的长城要塞里，让匈奴束手无策。不仅匈奴如此，李牧手下的士兵们也认为自己的长官什么都好，就是胆子太小，每次面对嚣张入侵的匈奴大家只得执行保守防御的命令，这让年轻的士兵们觉得很没面子。只是看在吃过的牛肉的面子上，大家也不好公开抱怨和指责自己的长官，都只能忍着。

然而邯郸城里的赵王却无法忍受了。李牧虽然保持了北部边境安定的局面，但是在与匈奴的对抗当中却没有占到上风。邯郸城里的赵王每年都会在李牧报上来的财政收入和支出报告上看到庞大的军费开支，但是花了大钱的赵王却始终没有见到过李牧送来的血淋淋的匈奴脑袋或者垂头丧气的匈奴俘虏，而从前线传来的消息都是关于李牧的龟缩战略——这种战略执行起来不仅很难看，而且显得很没面子。赵王很不平衡，就像掏大价钱买了电影票的观众发现电影根本不是自己期待的那

李牧

个样子，赵王觉得自己的钱花得冤枉。于是赵王愤怒了，他派使者去前线传达自己的意思：无论如何李牧应该打个漂亮仗。但李牧没有照顾赵王的情绪，继续苦心孤诣地坚持着自己的小众战争审美观，龟缩战略仍然不变。

看不到自己期待的好戏，普通人只能抱怨，而身为"制片人"的赵王却能直接换主角。就这样，李牧下岗了，赵王另外派将军接任李牧北部边境军政长官的职位。

新任"主角"一上台就宣布废除李牧的龟缩战略，赵国北部边疆的军团从此开始执行积极出击、迎头痛击敌人的战略。年轻的士兵们非常兴奋，跟着李牧很多年牛肉吃了不少，胜仗却没有打过一个，这让士兵们很失望。根据马斯洛的需求层次学说分析，每天都能吃到牛肉的士兵们在获得物质上的满足和集体归属感以后开始追求自我价值的实现，而作为战国时期的职业军人，自我价值似乎必须通过杀死或者俘虏敌人来实现。但是在李牧的时代，士兵们仿佛永远看不到实现自我价值的希望，现在"主角"换了，士兵们终于看到了希望。

可是，士兵们很快就发现自己错了。就在李牧下岗不久，匈奴再次入侵。新将军早已参透赵王的心思，他坚决地执行了赵王的命令，于是在新将军的率领下，赵国驻军冲出了坚固的长城要塞，来到辽阔的草原上与匈奴展开野战。然而在开阔的草原上的野战显然不是农耕民族军队的强项，匈奴迅疾的铁骑很快就把赵国军队的战阵冲击得四分五裂。失去了统一指挥的赵国士兵无法适应各自为战的状态，而这恰恰是游牧民族武士的强项。很快，赵军陷入了混乱和恐慌，失败在所难免。这次出击不仅没有取得辉煌的战绩，反而由于赵军放弃了对长城要塞的坚守而导致匈奴铁骑大规模入侵，长城内的老百姓损失惨重——牛羊、粮食，村子里能抢走的东西都抢走了。匈奴发现这次赵国军队出人意料地放弃了令自己无计可施的龟缩战略，不仅冲出了长城要塞，而且还和自己展开了对攻，这让匈奴非常激动。只要这样的战略持续下去，匈奴就有好日子过了，毕竟冲到村子里抢现成的牲畜和粮食要比在草原上放牧容易得多。就这样，匈奴加大了入侵的频率，力争不错过难得的侵略旺季；而赵国军队也继续和匈奴对攻，继续失利，老百姓也只有继续遭受损失，以致赵国北部边疆广大农村牛羊牲畜基本绝迹。

赵王又不高兴了，不好看不高兴，好看却赔钱更不高兴。战争不是电影，战争不是用来看的，赵王逐渐醒悟。当王不是当"制片人"，与战争导致的惨痛损失相比，战争的观赏性不值一提。李牧打仗虽然不好看，但是却不会赔钱，这对于以追求安定的发展环境为目标的赵国至关重要，对付行踪不定的匈奴能保证不遭受损失就是成功。可是，当初并不是李牧自己要求辞职的，而是被赵王"勒令下岗"的，现在到了损兵折将的程度，要想让李牧再度出山，就不是下个任命令那么简单的事了。于是，赵王派出了特使代表赵王看望李牧。李牧虽然人在家里，却时刻关注着与匈奴的战事，得知赵王特使来到，他知道赵王要再次任用他了。为了让赵王在今后的日子里坚定地认同他的战略战术，不再临阵换将，李牧决定耍一回大牌。所以赵王特使来到李牧府上的时候被挡驾了：李牧生病了，来客恕不接待。赵王知道李牧的病根，可是赵王不是廉颇，身为一国之君怎么也不可能拉下脸登门谢罪，无奈之下赵王只得一再请他。几次之后，李牧知道自己不能再继续耍大牌了，但为了不受干扰地取得对匈作战的最后胜利，李牧提出了条件："王必用臣，臣如前，乃敢奉令。"意思就是，要我继续干可以，不过具体工作还是要按我的思路开展，说具体点就是，我的龟缩战略不能动摇。尝到赔钱滋味的赵王只好答应了，龟缩就龟缩，至少不赔钱了。

大破单于

李牧恢复了工作，继续龟缩战略，严防死守，匈奴再也占不到便宜了。老乡们又开始上山放牛羊，下地种庄稼，边疆恢复了往日的生产、生活秩序。当兵的继续训练，天天吃牛肉，月月发奖金。天长日久，战士们还是有了情绪。好日子过久了，谁都想有点追求。当兵一开始是为了吃牛肉、领军饷，牛肉吃多了就想当英雄了。《史记》记载："边士日得赏赐

而不用，皆愿一战。"

李牧知道将士的情绪酝酿得差不多了，于是开始着手准备一场有些人一生难遇的世纪大战——小兵都有追求，李牧就更不可能甘心平庸。李牧准备的战争装备包括战车一千三百辆，战马一万三千匹；李牧选拔的战士包括冲锋陷阵的敢死队五万人，弓箭射手十万人。匈奴毕竟不是处心积虑灭亡赵国的秦国，而李牧也不是赵国的上卿廉颇，他的战争准备和动员已经动用了一个边疆长官可以掌握的最大战争资源。

李牧开始重点训练这支精选的部队。好在李牧常年杀牛练兵，所以匈奴早就习以为常，因此这样针对性的训练并没有引起匈奴领导层的重视。

日子一天天过去了，李牧眼看着这支常年防守的边疆部队逐渐具备了与匈奴抗衡的野战实力；更重要的是，士兵的士气随着训练的升级更加高涨，每个人都感觉到自己将参与一场载入史册的战斗。历史使命感激励着每个人——从将军到小兵，人人都想创造历史，这就是最有效的战争动员。

李牧的再次上台让匈奴没有了占便宜的机会，可是匈奴并没有放弃，在长城那边，无数双眼睛注视着李牧的辖地，时刻准备着越过长城占便宜。

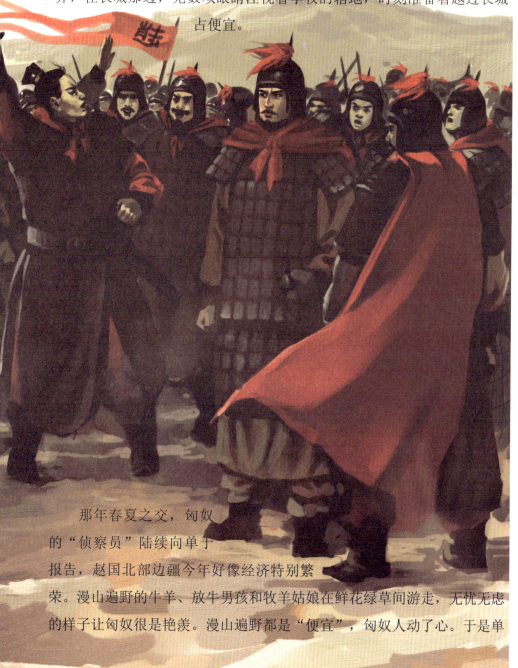

那年春夏之交，匈奴的"侦察员"陆续向单于报告，赵国北部边疆今年好像经济特别繁荣。漫山遍野的牛羊、放牛男孩和牧羊姑娘在鲜花绿草间游走，无忧无虑的样子让匈奴很是艳羡。漫山遍野都是"便宜"，匈奴人动了心。于是单

于派出了小股部队，先试探一下这次占便宜的难度。没想到这次占便宜非常顺利，赵国主力一触即溃，丢下辎重仓皇逃窜，几千人没来得及撤退就被俘虏。匈奴单于接到战报，欣喜若狂，单于甚至怀疑李牧是不是再次下岗了，因为这样的情景只在李牧下岗的时候出现过。不管怎样，这样的机会不能错过，于是单于动员了全体骑兵十余万人，从草原上席卷而来。

赵国北部长城沿线一时间尘土遮天蔽日，原来绿油油的草皮被匈奴十余万战马踏得斑驳陆离，露出了黄土。单于主力出动如同台风登陆，势不可挡；又如黄河泛滥，一发不可收拾。一路上单于虽然也遇到了抵抗，可是无不披靡，单于不再怀疑——即使李牧还在，失去了长城要塞的依托，他也无法抵挡单于主力铁骑的长驱直入。

李牧没打算挡，他早就布置好了埋伏，沿着长城沿线张开了左右两翼，随着单于主力的深入，李牧开始逐渐收网。长途奔袭的十余万匈奴骑兵在沟壑纵横的今山西北部高原拉开了距离，在他们进村四处搜寻牛羊和粮食的时候，部队已经失去了紧凑的阵形。

决战的时刻到了。从空无一人的村庄里赶着牛羊、扛着粮食出来的匈奴骑兵们正在兴头上，根本没注意到四周突然出现了大批的战车和骑兵。

箭雨从天而降。

本来就阵形松散的十余万匈奴骑兵很快就被迅猛的战车和骑兵分割包围，本来势均力敌的形势发生了变化。善战的匈奴骑兵们突然意识到自己落入了陷阱，眼前的赵国军队不仅早有准备，而且训练有素。匈奴骑兵先是被战车分割包围，紧接着被遮天蔽日的箭雨射得东倒西歪，残存的匈奴骑兵惊魂未定，就又被冲上来的阵势森严的优势骑兵彻底围歼。

如果用侦察飞机来观察这场战斗，你会发现，这场战斗就像一场发生在一位职业九段和一位业余选手之间的围棋比赛——李牧的部队先把单于主力分割得七零八落，然后一块一块地吃掉。

单于彻底失败了，丢下刚到手的牛羊、粮食仓皇逃窜。根据《史记》记载，李牧指挥的这场战斗不仅大败单于主力，而且杀死了十余万匈奴骑兵，彻底歼灭了匈奴的襜（chān）褴（lán）部，打败了东胡部，林胡部

被迫投降。匈奴元气大伤，从此以后的十几年，匈奴再也不敢靠近赵国的北部边疆。

　　李牧不仅创造了历史，也创造了奇迹，按照投入资源的统一口径衡量，这个对匈奴战争的辉煌纪录后来无人能破。事实上，后来汉武帝亲自策划的马邑之战本来就是李牧大破匈奴单于的翻版，只是由于技术变形和一点偶然因素导致了汉武帝最后没能复制李牧的辉煌。马邑失利后，像所有自负的帝王一样，汉武帝也开始搞创新，策划以骑兵为主的长途奔袭。当然，汉武帝的远征取得了辉煌的战绩，但是这种远征却劳民伤财，还极易导致国家财政陷入困境。扶栏客认为李牧最伟大的历史贡献在于，提供了一种对付匈奴的标准答案，这个标准答案不仅效率高，而且付出的经济成本很低，造成的人员伤亡也很小，可谓经济环保、以人为本，是最适合农耕民族对抗游牧民族的战略方针。后来试图颠覆李牧战略思想的君王、名将虽然在局部战役上也取得了一些胜利，但是站在经济和人文的角度来衡量，这些颠覆性的突破无疑在战略上都是失败的，只要算一笔经济账就再清楚不过。

赵国最后的柱石

李牧继续着自己的辉煌，以真材实料的战绩证明了自己不仅是匈奴的天敌，也是秦国的克星。李牧接替廉颇后指挥的第一次战役是攻打燕国。燕国因为一次令人不齿的占便宜行为遭到了赵国的连续报复，而且每次都会损失惨重。李牧率领赵国军队很快打败了燕国军队，占领了燕国武遂和方城两个地方。过了两年，赵国另一位将军庞煖再次击败燕军，杀死了燕国将军剧辛。又过了七年，秦军发动了对赵国的侵略，进攻武遂。赵国派扈（hù）辄（zhé）为将军领兵救援，但是扈辄似乎武功不济，不仅赵军被秦军杀得大败，阵亡了十万人，扈辄自己也被斩于乱军之中。为了扭转败局，赵国任命李牧为将军，在宜安发动了对秦军的反攻。赵军在李牧的领导下果然起死回生，秦军大败，秦将桓齮（yǐ）逃走。至此，李牧登上了名将生涯的顶峰，被封为武安君。

又过了三年，秦军进攻番吾，李牧领命出兵，再次击败秦军，同时在南部边境有效地震慑了韩国和魏国。

后来赵悼襄王去世，他儿子赵迁即位，号为赵幽缪王。从赵惠文王以后，先是赵孝成王再到赵悼襄王最后到赵幽缪王，赵王家族可谓一代不如一代，到了赵幽缪王这里真有点气数将尽的感觉。在一个王国或者一个朝代气数将尽的特征里总能找到不自信、不信任。从赵孝成王开始，赵王家族的心理上的脆弱就已经初见端倪，到了赵幽缪王这里，这位末代诸侯王将这种心理特性更发挥得登峰造极。

赵幽缪王七年（前229年），秦国派出名将王翦再次发动了对赵国的侵略。兵来将挡，赵国派出了李牧为主将、司马尚为副将的强大阵容出战。王翦虽然是当世名将，可是也怕李牧，李牧不仅创造了大破匈奴单于斩首十余万的辉煌战绩，而且在与秦国的对抗当中也一直保持着不败的纪录。

身为与白起并称的秦国名将，王翦居然在李牧面前占不到半点便宜，这让王翦很没有成就感，也很郁闷。王翦意识到李牧就是拦在自己面前的一道无法跨越的障碍，只要李牧在，王翦就无法继续自己的职业辉煌，秦国就无法完成征服赵国、统一六国的战略计划。不过名将这种人才不仅需要在战场上较量，也需要在战场以外较量。在战场上王翦虽然战胜不了李牧，但是在政治上王翦却比李牧成熟，他很快就想到田单对付乐毅的老办法——反间计。与田单的反间计相比，王翦的反间计实际上并不高明，因为当时李牧对于赵国来说几乎就是最后的承重栋梁，按理说要让赵幽缪王亲手砍了这根栋梁似乎很难做到。不过王翦还是做到了，他知道如果自己派人去造谣，或者编个故事创作一个民歌来忽悠，恐怕很难动摇赵幽缪王，于是他想到了赵幽缪王的亲信郭开。郭开让赵王特使编瞎话骗赵悼襄王废掉廉颇靠的是黄金开路，王翦让郭开编瞎话骗赵幽缪王废掉李牧也不可能另辟蹊径。郭开收到了王翦的黄金，马上就开始造谣了："李牧、司马尚欲与秦反赵，以多取封于秦。"李牧当时已经是武安君了，这样的封号不仅是战国时期给为国家做出杰出贡献人才的"终生成就奖"，更意味着其世代有了可以依靠的经济基础。可是郭开偏偏说李牧和司马尚是为了多得到分封就企图叛国投敌，这样的说法实在缺乏说服力。如果是一个理智、自信的君王听到这样的小报告，至少应该让郭开出示证据；可是赵幽缪王不是这样的君王，而是亡国之君，所以赵幽缪王马上就相信了郭开的说法，马上下令免去李牧的职位，马上派出了赵葱和颜聚两位将军去前线代替李牧。

出人意料的是，李牧既没有接受赵王的决定与赵葱和颜聚交接工作，也没有效仿乐毅出走，而是拒绝交出兵权，公开对抗赵王的决定。李牧这

个不成熟的决定使得赵幽缪王更加坚信郭开关于李牧要造反的小报告。这位内心虚弱的诸侯王命人偷偷地抓捕并杀死了李牧，司马尚被就地免职。

赵国的柱石至此全部倒下，郭开胜利了。

事实上，郭开这个人也是个传奇，他不仅活得长，而且获得了赵悼襄王和赵幽缪王两代君王的绝对信任。在他的不懈努力下，不仅废掉了廉颇而且毁掉了李牧。就这样，被郭开砍断了顶梁柱的赵国很快房倒屋塌。

李牧死后三个月，王翦发动了对赵国的全面进攻，此时的赵国已经没有了可以依靠的力量了。在王翦的猛攻下赵军大败，赵葱被杀，赵幽缪王和颜聚被俘虏，赵国彻底灭亡。

【SIKAOTI】

▶ 想一想，猜一猜

1. 为什么廉颇一开始非常鄙视蔺相如？为什么后来廉颇却对蔺相如非常尊敬并且主动"负荆请罪"？

2. 为什么名将廉颇和乐毅都不敢接受救援韩国的任务，而军事外行赵奢却敢于接受这个似乎不可能完成的任务？

3. 为什么在赵奢杀死了平原君的管家以后，平原君却向赵孝成王推荐赵奢？

4. 为什么小兵许历提出抢占北山的建议？北山为什么在阏与之战中如此重要？

5. 从廉颇、王翦到李牧，似乎保守的坚守战术都能取得最终的胜利，而像赵括、李信和接替李牧的将军冒险的主动出击却总是失败，你认为这是为什么？

6. 请你总结一下为什么李牧能最终取得对匈奴单于主力的决定性胜利？请列举李牧获胜的最重要的三个原因。

7. 郭开为什么排挤廉颇，陷害李牧？请你设想一下，最后赵国灭亡以后郭开会有什么样的结局？

我是考证控

1. 秦昭王和赵惠文王会面的渑池在现在的什么地方？秦昭王为什么会选择这样一个地方与赵惠文王见面？

2. 赵奢曾经担任过赵国的税务官员，请考证战国时期赵国的税收制度，当时的国家财政收入主要依靠哪些税种，农民、地主和像平原君这样的贵族承担什么样的交税义务。

3. 李牧当时依靠赵国的长城来对抗匈奴的入侵，请考证战国时期赵国长城在地理上的分布位置以及赵国长城的主要用途。

35

窄路相遇，无可退让，勇敢、勇猛并且有谋略的人能够获胜。

语出《史记·廉颇蔺相如列传》："其道远险狭，譬之犹两鼠斗于穴中，将勇者胜。"

【刎颈之交】

刎颈：割脖子；交：交情，友谊。比喻可以同生死、共患难的朋友。

语出《史记·廉颇蔺相如列传》："卒相与欢，为刎颈之交。"

【奉公守法】

奉：奉行；公：公务。奉公行事，遵守法令。形容办事守规矩。

语出《史记·廉颇蔺相如列传》："以君之贵，奉公如法则上下平，上下平则国强。"

王必用臣，臣如前，乃敢奉令。

——李牧

战争机器——白起

恐怖的记录

记得美国的巴顿将军在一次战前动员的时候说过："战争就是杀人，你不杀他，他就杀你。"这位出身西点军校的美国名将揭露了战争血淋淋的实质。不管人们是否喜欢，战争总是通过消灭敌人的有生力量来达到取胜的目的。两千多年前的中国就出现过一位以惊人的速度消灭了数量惊人的敌国士兵而名噪一时的名将，也正因为如此，这位名将获得了"人屠"的称号，死后谤满天下。

这位人类历史上最高效的战争机器就是白起。翻开《史记·白起王翦列传》，白起一生当中的一连串战绩和杀人数字触目惊心："白起为左更，攻韩、魏于伊阙，斩首二十四万"，"昭王三十四年，白起攻魏，拔华阳，走芒卯，而虏三将，斩首十三万。与赵将贾偃战，沉其卒二万人于河中"，"昭王四十三年，白起攻韩陉城，拔五城，斩首五万"，"乃挟诈而尽坑杀之，遗其小者二百四十人归赵。前后斩首虏四十五万人"。根据《史记》中的记载，扶栏客进行了简单的统计，白起在其职业军事生涯中有据可查的杀人记录就多达九十万人，如果算上那些《史记》可能忽略的小型战役，死在白起手中的各国士卒可能超过一百万人。而根据有关学者的推测，战国时期七国的总人口不过在一千万至两千万之间，白起杀人纪录的恐怖程度不言而喻。

让我们从白起的简历开始讲起。

白起是郿（今陕西眉县）地人氏，因为突出的军事天才而得到了秦昭王的重用。

从秦昭王十三年(前294年)起，白起开始了自己的职业军事生涯，在那一年白起被任命为左庶长，领兵攻打韩的新城(今河南省伊川县西)。第二年，白起得到了提拔，由左庶长升到左更，出兵攻魏国和韩国，在伊阙(今河南省洛阳龙门)斩获首级二十四万，俘虏了敌军将军公孙喜，占领了五座城邑。因为战功白起又被晋升为国尉。获得连续提拔的白起工作热情异常旺盛，他率军渡过黄河，占领了韩国的安邑以东到乾河大片土地。秦昭王十五年，白起继续以火箭的速度向上晋升，在这一年他被任命为大良造。大良造白起不知疲倦地继续着他的辉煌，就在白起被任命为大良造的同一年他领兵进攻魏国，势如破竹地占领了魏国大小六十一座城邑。秦昭王十六年，白起与客卿司马错联手占领了垣城。秦昭王二十一年，白起领兵进攻赵国，占领了光狼城(今山西省高平市西南)。秦昭王二十八年，白起进攻楚国，占领了鄢、邓等五座城邑。第二年，白起领兵成功地攻陷了楚国的都城郢都(今湖北省荆州北)，还纵火焚毁了夷陵(今湖北省宜昌)这座城邑，然后继续向东挺进，打到了竟陵。此时楚王逃离了都城，跑到了一个叫作陈的地方避难。就这样，秦国将郢都改名为南郡，正式并入秦国的版图。

一连串的辉煌胜利将白起推到了事业的第一个高峰，秦昭王为了表彰白起的突出贡献，封白起为武安君，从此白起进入了贵族地主的行列。为了报答秦昭王的厚爱，白起继续领兵进攻楚国，很快就趁胜平定了巫和黔中两个郡(今湖南省西部，四川省、贵州省部分地区)。秦昭王三十四年(前273年)，白起率军进攻魏国，大破赵魏韩三国联军于华阳(今河南省新郑北)，魏将芒卯败逃，此役白起俘虏了三员联军将军，斩首十三万。紧接着白起又与赵国将军贾偃遭遇，白起因地制宜，利用水攻淹死了赵国士兵两万人。秦昭王四十三年，白起进攻韩国的陉城，占领了五个城邑，斩首五万。

根据白起在当上武安君之前的简历，读者可以清晰地看到一个秦国的基层军官是怎样通过赫赫战功一步一步地成为秦国第一名将的线路图。在三十年的战争生涯当中，白起作为第一负责人领导过进攻韩国、魏国、赵国、楚国等四个诸侯国的侵略战争，而这四个诸侯国当时都与秦国接壤，秦国远交近攻的战略在白起主持的战争中表露得一览无余。白起在与四个邻国的战争中每战必胜，就这样，白起从左庶长到左更，由左更到国尉，由国尉到大良造，由大良造到武安君，实现了职业军旅生涯的四步跨越，终于从一个基层军官成长为秦国第一名将。然而白起一生中最重要的时刻还没有到来，事实上，白起在历史上不可忽略的地位主要是在长平之战中确立的。长平之战发生在秦昭王四十七年(前260年)，也就是白起开始职业军官生涯的第三十四个年头，可以推算，即使白起从二十岁开始当左庶长，到长平之战的时候也应该是五十多岁的中年人了。

一个梦和一场战争

长平之战的故事要从秦昭王四十四年(前263年)开始讲起，那一年白起再次进攻韩国南阳的太行山一线，从此韩国在太行山上的险要道路彻底被白起掐断。秦昭王四十五年，白起进攻韩国的野王(今河南沁阳)，野王的当地长官顶不住白起的攻势而投降了秦国，从此上党通往韩国都城的道路被彻底绝断。

由于上党与韩国都城新郑之间两边的交通线都被白起相继掐断，上党接受了秦国的收编整合，名义上归顺了秦国。此时的上党在秦昭王眼里等于一头金黄焦脆、香气四溢的烤全羊，剩下的事就是下刀子、动筷子了。

然而事情没那么简单，事实证明，煮熟的鸭子能飞，烤熟的羊肉能跑。

有人说，煮熟的鸭子能飞，除非是在梦里。其实，追根溯源长平之战，还真是起源于一个梦。

话说赵孝成王登上王位后的第四年，有一天夜里，赵孝成王做了一个"航天发财梦"。在那个梦里，赵孝成王穿着左右两边颜色不同的"航天服"，骑在一条龙的背上飞上了天，欣喜若狂的赵孝成王还没来得及欣赏天空中的美景就突然掉了下来。摔到地上的赵孝成王不仅没有感到疼痛，反而发现自己降落到了一座黄金和美玉堆积而成的山上。后来赵孝成王被自己发财后狂喜的大笑声惊醒了。醒来以后，赵孝成王久久不愿睡去，梦中的情景太诱人了，堆积如山的黄金美玉让赵孝成王回味无穷。赵孝成王相信这个奇怪而美丽的梦一定是上天给他的某种暗示，作为一国之君自己不可能乱做毫无意义的梦。第二天一大早，赵孝成王找来了宫廷御用的大师帮他解梦，大师的解梦结果让赵孝成王很失望。大师说："梦见穿着两边颜色不一样的衣服预示着残缺，梦见骑龙上天而又掉下来预示着有名无实，梦见堆积如山的黄金、美玉预示着忧虑。"赵孝成王对大师的解梦很不满意，身为整天忙于国事的一国之君，自己做一个如此有想象力的美梦是多么的不容易，而御用大师丝毫不顾忌王的情绪，对王的美梦进行了一番无情的解读，这样的解梦实在是焚琴烹鹤、大煞风景。赵孝成王后悔找错了人，因为或许梦应该属于想象力丰富的文学青年，而不属于号称洞察未来的先知巫师。

就在解梦后的第三天，韩国驻守上党的地方官上党守冯亭派来了使者，这位使者带来了上党守冯亭的口信：上党守冯亭愿意将上党献给赵孝成王。赵孝成王得到这个消息马上想起了三天前自己做的那个"航天发财梦"，他坚信御用大师的预测是错误的，自己的那个梦分明就预示着自己将获得飞来的横财，而这笔横财就是包括了十七座城邑的上党地区。当然上党守冯亭不可能无缘无故地将韩国的国土白白送给赵国，他的理由很无奈："韩不能守上党，入之于秦，其吏民皆安于赵，不欲为秦。有城市邑十七，愿再拜入之赵，财王所以赐吏民。"事实上，当时的秦国已经在名义上吞并了上党，只是由于秦国一时之间派不出那么多军队和官员接管这个地区，于是秦国继续留用冯亭等原上党的官吏和军队来维持秦国在上党的统治。上党守冯亭不甘心就这样背叛自己的祖国，经过痛苦的权衡思考之后决定将上党献给赵国。赵国和韩国是长期友好的同盟，所以冯亭说上党百姓对赵国有感情，不愿意当秦国人而愿意当赵国人的话也并不完全是冠冕堂皇的客套话。除此之外，如果上党落入秦王的手里，韩国就失去了与秦国对抗的屏障——太行山的地理优势；而上党并入赵国不仅能加强盟国赵国的力量，而且，更重要的是，赵国因此必然会得罪秦国，为了上党秦赵两国的战争不可避免。利用已经无法保全的上党十七座城邑把强大的盟国赵国拖进对抗秦国的战争，这应该是当时处于劣势的韩国的一个高明的战略选择。

不管韩国的上党守冯亭出于什么动机，赵孝成王都觉得这眼前的巨大利益是真实的，至于吞下这巨大利益以后会发生什么，谁也无法预料——那些吞下鱼饵的鱼也是这么想的。赵孝成王当时没觉得自己是条鱼，他仍然沉浸在三天前的那个梦境里，于是他找来平阳君赵豹商量。平阳君赵豹原则性很强，他否定了赵孝成王准备接收上党的想法。

平阳君赵豹的理由很朴素，他说："圣人甚祸无故之利。"世上没有免费的午餐，平阳君赵豹认为在有理智、有道德的圣人眼里，这种凡人看来天上掉馅饼的好事其实隐藏着巨大的灾祸。

赵孝成王不想当圣人，而且他也不认为接收上党是"无故之利"，他说："人怀吾德，何谓无故乎？"赵孝成王被上党守冯亭形容的上党百姓对赵国的深厚感情忽悠了，他认定上党百姓对自己有感情。

平阳君赵豹说："夫秦蚕食韩氏地，中绝不令相通，固自以为坐而受上党之地也。韩氏所以不入于秦者，欲嫁其祸于赵也。秦服其劳而赵受其利，虽强大不能得之于小弱，小弱顾能得之于强大乎？岂可谓非无故之利哉！且夫秦以牛田之水通粮，蚕食上乘，倍战者，裂上国之地，其政行，不可与为难，必勿受也。"秦国处心积虑要蚕食韩国的领土，当时已经从韩国的中部把韩国分成了两半，所以秦王早就认为上党早晚是秦国的囊中之物。而且当初秦国为了占领上党，从渭河沿着黄河和洛河将军粮运输到

41

前线，可以说是下了血本。现在秦国实际上已经开始在上党行使主权，如果赵国接收了上党，秦国就等于白白给赵国"打工"，这必然会激怒秦王，引发战争。平阳君看透了上党守冯亭的心思，韩国将这块秦国志在必得的土地送给赵国，就是要嫁祸给赵国，把赵国拖进对秦国的战争中来。

赵孝成王此刻眼睛里只有上党的十七座城邑，他说："今发百万之军而攻，逾年历岁未得一城也。今以城市邑十七币吾国，此大利也。"自古以来，在领土问题上国与国之间都是奉行寸土必争的原则，赵孝成王的理由也很充分，即便是调动百万军队攻打邻国，战争经年累月也未必能获得一座城邑。现在兵不血刃就有上党的十七座城邑白白送给赵国，这不仅是天上掉馅饼，而且是掉了一个超大的馅饼，赵孝成王要做的事只是张张嘴罢了。可是平阳君赵豹偏偏想将已经张大嘴的赵孝成王拉离"馅饼"，这样的行为实在是太让人恼怒了。

赵孝成王决定不再征求平阳君的意见了。圣人的做人原则和未来的隐患都太遥远，赵孝成王关心的就是眼前的"免费大餐"。

赵孝成王打发平阳君下去休息，然后就把平原君赵胜和赵禹找来商量。平原君倒是和赵孝成王一拍即合，连理由都是如出一辙："发百万之军而攻，逾岁未得一城，今坐受城市邑十七，此大利，不可失也。"

赵孝成王很高兴，既然平原君都这样认为，足以证明自己的那个梦是多么的吉祥如意。于是赵孝成王马上派平原君赵胜去接收上党地区。

战国时期的四大公子都是著名的出手大方，平原君赵胜为了保证上党的平稳交接，代表赵孝成王宣布了针对上党官吏和群众的接收政策。根据这个政策，原来上党的官吏都获得了分封的土地和爵位，在利益上与赵国结为了一体。另外，只要是拥护赵王的上党百姓，就可以领取到一定数量的黄金："敝国使者臣胜，敝国君使胜致命，以万户都三封太守，千户都三封县令，皆世世为侯，吏民皆益爵三级，吏民能相安，皆赐之六金。"

当上党守冯亭得知自己和手下的兄弟将享受如此优厚待遇的时候，不仅没有欣喜若狂，反而痛哭流涕、闭门不出，不见平原君赵胜。他托人带话给平原君说："吾不处三不义也：为主守地，不能死国，不义一矣；主入之秦，不听主令，不义二矣；卖主地而食之，不义三矣。"从冯亭的话能看得出来，这位上党守并不是一个贪生怕死、卖主求荣的小人，因此，他主动把上党十七座城邑白送给赵国的动机显然和平阳君赵豹的判断一致。从这段话还能看得出，韩国当时已经和秦国达成了割让上党给秦国的协议。

然而，本来已经划入秦国版图的上党却被赵国接收了。

这一天，秦昭王和白起突然接到上党传来的情报：上党守冯亭率领上党百姓已经把上党献给了赵国，赵国也已经向上党派出了军队正式接收了上党。秦昭王和白起愤怒了，这真是鹬蚌相争，渔翁得利。秦昭王和白起当然不能善罢甘休。

于是一场决定秦赵两国命运的大战不可避免地爆发了。

赵孝成王知道因为自己接受了这个天上掉下来的"大馅饼"而激怒了秦国，为了防备秦王出兵报复，赵孝成王派出了赵国第一名将廉颇率领大军驻守长平与秦国对峙。此时的赵国，赵奢已经去世，蔺相如也病入膏肓，奄奄一息，因此廉颇是当时赵国唯一可以与白起抗衡的名将。

长平大战

面对久经沙场、能征善战的秦军，老将廉颇也没有完胜的把握，在试探性的主动进攻遭受失利以后，廉颇采取了避其锋芒、坚守不战的保守战略。

秦军反复挑战，廉颇以不变应万变，凭借在长平构筑的坚固工事堡垒长期坚守。秦军无可奈何，始终不能取得突破。当时秦国的相国应侯范雎想起了当年田单给乐毅用的反间计，于是赵国朝野开始流传这样一个传言："秦之所恶，独畏马服君赵奢之子赵括为将耳。"成功的君王各有各的成功之道，失败的君王却总是有着惊人的相似。与当初燕惠王一样，这次赵孝成王也罢免了廉颇，让马服君赵奢的儿子赵括取代廉颇担任长平前线的赵军总指挥。

不过与取代乐毅的骑劫不同，赵括并不是笨蛋，实际上，赵括是当时战国时期最著名的军事理论家。《史记·廉颇蔺相如列传》记载："赵括自少时学兵法，言兵事，以天下莫能当。"要论军事理论，就连赵括的老爸赵奢也自愧不如。老赵当年曾经跟儿子小赵辩论过军事理论，结果小赵对答如流，才思敏捷，在与名将老爸的辩论中小赵明显占了上风。按理说青出于蓝胜于蓝老赵高兴才对，可是老赵却对小赵的表现忧心忡忡。小赵的妈妈看到丈夫跟儿子辩论被儿子击败以后很不高兴，觉得很奇怪，就问老赵是什么原因。老赵回答："兵，死地也，而括易言之。使赵不将括即已，若必将之，破赵军者必括也。"田部吏出身的马服君赵奢亲自指挥过救援韩国的阏与战役，知道战争不是地图上的游戏，不是书简上的文字，而是阴谋、鲜血、死亡和泪水，是永远无法弥合的仇恨和伤痛。然而这一切对于坐而论道的赵括来说都可以简单地回归到理论和技术，坐在书桌前侃侃而谈的赵括在他老爸眼里怎么看都像一个做游戏的孩子，而不是一个真正能够独当一面的将军。赵奢眼很毒，他预言了如果赵国有一天重用儿子当将军，那么自己的儿子赵括就会成为赵国军队的"魔鬼终结者"。英雄所见略同，秦国的最高决策者也看中了赵括"魔鬼终结者"的能力，所以到处造舆论力保赵孝成王提拔重用赵括。

怀疑赵括军事指挥能力的人并不止赵奢一个人，当年那位敢于和秦昭王拼命的蔺相如在临终前也曾经告诫赵孝成王，他说："王以名使括，若胶柱而鼓瑟耳。括徒能读其父书传，不知合变也。"蔺相如看透了军事理论家的实质，他认为赵括虽然读了很多兵书，但是却不知道随机应变。如果赵孝成王因为赵括军事理论家和辩论高手的名声就重用他当将军，就好像把瑟的弦柱用胶粘住然后弹奏一样，是无法适应变化的形势需要的。

赵孝成王知道"将相和"的典故，他对蔺相如贬低赵括的评论根本不予理睬。然而，就在赵括即将从邯郸出发奔赴长平前线上任的时候，却发生了一件令所有人感到诧异的事情——赵括的母亲向赵孝成王打了一个报告，要求赵孝成王收回成命，不要任用自己的儿子取代廉颇。望子成龙是中国父母的普遍心态，现在赵括马上就要成为赵国的将军了，赵括的母亲却亲自打报告要把儿子的好事搅黄，这实在是令人无法理解。赵孝成王也对赵括母亲的做法感到很不可思议，于是就把老太太请来问话。赵括母亲这样解释了阻止儿子当将军的理由："始妾事其父，时为将，身所奉饭饮而进之者以十数，所友者以百数，大王及宗室所赏赐者尽以予军吏士大夫，受命之日，不问家事。今括一旦为将，东向而朝，军吏无敢仰视之者，王所赐金帛，归藏于家，而日视便利田宅可买者买之。王以为何如其父？父子异心，愿王勿遣。"赵括母亲首先回忆了当初赵奢当将军时候的工作作风，一位身先士卒、低调谦虚的名将形象跃然纸上。赵奢即使当了将军也会关心照顾十几个人的饮食起居，亲自端茶送饭，而赵奢的人缘极好，他的朋友数以百计。赵奢一旦得到了赵王的赏赐，就会把得到的金银财宝分给手下的官吏。赵奢自从上任开始就完全不过问家里的私事，一心扑在了工作上面。然而赵括一当上将军就把架子端了起来，他首先把手下

召集起来，自己高高在上训话，下面没有人敢于抬头看他一眼。更离谱的是，这位新上任的将军把赵王赏赐的金银财宝搬回家里收藏好，然后就在邯郸城里四处看田宅，发现合适的田产、房产就买下来进行投资。赵括的母亲痛心地发现自己的儿子跟丈夫完全是两种风格，她知道赵括这样的将军是不可能克敌制胜的，让他上战场当将军不仅会害了自己也会害了赵家和整个赵国。

可是赵孝成王仍然不改初衷，他坚持要让赵括取代廉颇。

赵括的母亲绝望了，她最后提出了一个请求："王终遣之，即有如不称，妾得无随坐乎？"既然已经预料到了赵括上任以后的败局，而赵孝成王又一定坚持要重用赵括，这位深明大义的老太太就提出签订"免责条款"：此后因赵括引起的一切损失与赵括母亲及其亲属无关。

赵孝成王答应了赵括母亲的请求，口头约定了"免责条款"。

赵孝成王顶住压力坚持对赵括的任命很不寻常。蔺相如反对重用赵括或许有与廉颇的感情因素在里面，而连赵括母亲都坚决反对并且提出了非常有力的证据，这就应该能说明问题了。按常理，一位理智的君主应该会重新考虑对赵括的任用，可是赵孝成王却一意孤行，非要把赵括推到"前线总指挥"的领导岗位上去，这事看着奇怪，是因为我们没有参透赵孝成王的心思。

事实是，赵孝成王和燕惠王一样，对于身为"前线总指挥"的名将也是极端不信任。燕惠王不信任乐毅，赵孝成王不信任廉颇，君臣之间的信任太脆弱，禁不起外力的冲击，所以几句漏洞百出的谣言就可以促成临阵换将。与燕惠王相比，赵孝成王为自己贪婪的欲望和愚蠢的用人策略付出了更加惨痛的代价——四十万赵国精壮男子像兵马俑一样被永远埋在了长平的黄土里。

军事理论家赵括走马上任，他首先将当初廉颇定下来的纪律和规矩全部改弦更张。紧接着赵括又在军中进行了大换血，廉颇的旧将都被赵括提拔上来的将领取代。总之，赵括推行的军队改革的原则有两条：凡是廉颇定的规矩全部都要改，凡是廉颇提拔的军官全部都要换。

赵括之母

赵孝成王

那支廉颇一手缔造的赵国雄师还在长平与秦军对峙，不过它的精神已经随着廉颇一起远去了。

与此同时，秦军也进行了阵前换将，秦王起用了武安君白起替换了原来的将军王龁出任长平前线"总司令"。不过秦国的换将是在高度保密的状态下进行的，秦王下令：军中有泄露白起为将者斩。

八月的一个深夜，长平，秦军大营。

中军大帐中，武安君白起像一尊雕塑一样坐在长平地图前，整整两个时辰，白起一动不动。在这凝固了的时空里，武安君白起胸中的杀气逐渐聚集激荡，突然，白起猛然起身，一掌拍在了长平的地图上。烛火摇曳，武安君白起的掌下，似乎有殷红的血在长平的地图上浸染蔓延。

翻看武安君白起的简历，这位令所有敌手生畏的秦国名将的战绩当中从来没有过失败、平局甚至是小胜，全歼敌军、斩首"N万"是白起在战国战争史上从不打折的招牌纪录。在那个秋水一般冰凉的夜里，一个创造全新歼敌纪录的战争计划在武安君高速运转的大脑里酝酿完成。

当还在咸阳的武安君白起得到廉颇下岗、赵括接任的消息，他就知道秦国必将赢得这场决定秦赵两国命运的战争，而率领秦军取得这个辉煌胜利的人将是自己。可是武安君白起没想到的是胜利来得这样快，对于已经适应了廉颇的白起来说，与赵括对决实在太没有挑战性。

新官上任的赵括等不及了，他抛弃了廉颇坚守防御的战术，在赵括看来，廉颇的确算得上名将，不过他显然老了。坚守防御是属于老年将军的战术，这种战术说得好听叫稳扎稳打、谨慎持重，说得不好听就是不思进取、畏敌如虎。这样的战术根本不适合年轻潇洒、才华横溢的新任赵国将军，于是赵括下令擂起了进攻的战鼓。

在赵括的率领下，赵军四十多万主力冲出了深沟环绕的坚固堡垒，主动向秦军发起了攻击。对面的武安君白起冷笑了，运动战、歼灭战正是这位战争机器的强项。

长平决战开始了，这是赵括盼望的一天，更是白起盼望的一天。

大地在有节奏地震动，阵势森严的战车席卷而来。天空中尘土飞扬，四处弥漫着尘世中的暴力气息。四十多万赵军将士在年轻气盛的赵括率领下以排山倒海之势向秦军压了过来。

秦军的前锋大军，在与赵括大军接战后象征性地抵挡了一下，就像商量好了一样开始溃不成军，全线败退。

长平大地上上演了一场规模宏大的追杀戏，赵括像一只剽悍的猎狗紧紧追逐着武安君白起派出来的兔子。赵括追得很投入，秦军的前锋跑得很兴奋。进入状态的赵括并没有注意到身后的四十万大军在追杀中已经逐渐拉开了距离，而此时赵括的对手武安君白起正站在高冈上向下望，他挥剑指向了赵括的背后。

赵括很快就追到了秦军构筑的堡垒跟前。白起的工事构筑能力不亚于廉颇，执着而自负的赵括终于撞到了墙上。遮天蔽日的箭雨从白起的堡垒中飞了出来，冲在前面士兵就像成熟的麦子遇到锋利的镰刀般成片地倒下，恐怖的哀号阻止了后面追击者的步伐。赵括不相信秦国的堡垒能挡住新任赵国将军的进攻，他歇斯底里地不断下令：攻击！攻击！不间断地攻击！

秦国堡垒下很快就堆满了赵国士兵的尸体，这一幕对于站在高处的白起来说再熟悉不过。战争是减少人口的最有效手段，那些倒下去的年轻人再也不能爬起来战斗了，再也不能与秦国为敌了。

赵括仍然坚持督促士兵们冲上去送死，血腥的气息弥漫着整个长平。

突然，一匹快马飞驰而来，一位侦察兵滚落马鞍，向赵括报告：赵军后方出现了一支秦军部队，赵括兵团的退路被截断了。

"名将"赵括仿佛被一记闷棍击中了脑袋，兵书上那些不利于自己的理论突然之间冒了出来："百里而趋利者蹶上将。"兵书上说的那个上将莫非就是自己？

赵括还没有醒过神来，身后突然传来了海啸一般的呐喊和厮杀声。心神不定的赵括急忙爬上了一个高处的山坡向下望去，眼前的一幕让赵括差点晕倒：一支不知道从哪里冒出来的秦国骑兵突然插入了赵括军团的中部，现在这支骑兵正在以惊人的速度推进。赵括兵团好像一块抻展的麻布，而那支骑兵好像一把锋利的剪刀，赵括眼睁睁地看着自己四十万的庞大军团被白起的剪刀骑兵一分为二。

放眼四望，乘胜追击的赵括军团已经被秦军成功地分割包围，败象已显。

闻到了死亡气息的赵括突然想起了老将军廉颇的战术，他传令下去，全军就地构筑工事，坚守抵御秦军的进攻。

被分割包围的赵括兵团很快陷入了困境——赵括带领主力出击的时候根本没有携带辎重粮草。饥饿的士兵们很快就吃完了随身携带的干粮，然后，顺理成章，赵括兵团陷入了粮荒。广大士兵本来就对这位一上任就作威作福，不停地改规矩、换将领的军事理论家心存不满，现在军事理论家的第一次实践活动就害得四十多万人陷入了绝地，于是疲惫和饥饿的士兵们开始抱怨和哀叹，赵括军团中到处充斥着绝望的气氛。

咸阳的秦昭王很快就接到了前线传来的消息，这位狼

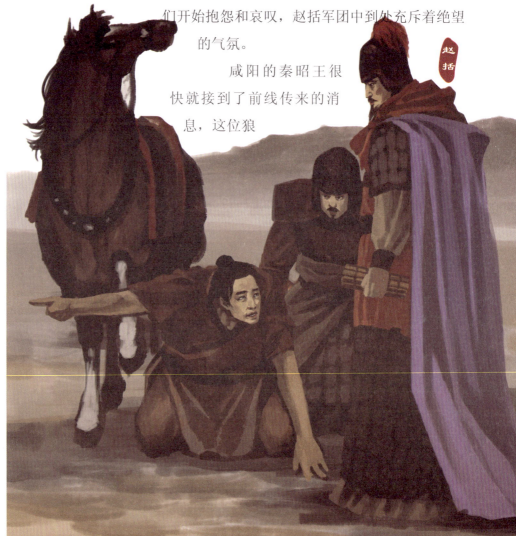

赵括

王一样迅捷、凶猛的诸侯王迅速下达全国动员令："赐民爵各一级，发年十五以上悉诣长平，遮绝赵救及饮食。"在秦昭王的号召和奖励下，秦国十五岁以上的男子都赶到了长平。长平，赵括军团外围被包围得水泄不通。

另一边邯郸的赵孝成王也同时得到了这个坏消息，这位一意孤行的王突然想起了宫廷御用大师的解梦和赵括母亲的可怕预言，恐惧像一颗炸弹在赵孝成王的脑袋里爆炸。这位执拗的君王的判断和决策系统瞬间瘫痪了。后来当赵孝成王逐渐恢复思维系统，并想起来要为被包围的四十万赵国士兵们做点什么的时候，秦王派去长平的民兵军团已经像一条巨蟒一样把赵括军团死死缠住，所有的生路都已经断绝了。

九月到了，秋风越来越凉，赵括军团断粮已经整整四十六天。

饥饿和绝望把赵国士兵变成了互相捕食的野兽（"至九月，赵卒不得食四十六日，皆内阴相杀食"）。

赵括知道自己必须面对现实了，四十万大军全部被围困在了长平，这几乎是赵国军队的全部主力。赵孝成王不可能冒险再派出一支军队来救援，即使派来也未必能突破那重重包围把自己救出去。如果再等下去不用秦军来打，饿得发疯的赵国士兵们早晚会把他这个将士兵们带上死路的军事理论家吃掉。

赵括率领部队出击，企图突破秦军的壁垒，他组织了四个梯队的攻击部队，轮流向阻挡他的秦军发起攻势。然而赵括错过了突围的最佳时机，四十六天的断粮意味着士兵们已经失去了战斗的体力和意志。走路都打晃的士兵们无论如何也不可能突破以逸待劳的秦军构筑的堡垒。

最后，军事理论家赵括不甘心自己的失败，硬着头皮率领精锐部队冲向秦军。

这位少年得志的军事理论家在拼命突围的时候被乱箭射死——对于理论家来说"少年得志"也许并不是什么好事——一个"纸上谈兵"的成语就这样流传了下来。军事理论家死了，那些跟着军事理论家出征的士兵们此刻也在饥饿和劳累中被折磨得奄奄一息，毫无斗志。就这样，武安君白起轻而易举地俘虏了创造了四十六天断粮生存记录的四十万赵国士兵。随着胜利的来临，武安君面临着一个艰难的抉择：收容四十万降卒就等于收容了四十万饿得发疯的饿狼，自己的军粮很快就会提前透支殆尽；更可怕的是，赵国士兵不会真心投降秦国，一旦找到合适的机会这些人很可能还会起来反抗秦国。只要有这支廉颇一手训练的四十万赵国主力部队存在，赵国就还有和秦国抗衡的力量。武安君白起最后给自己找了一个犯下严重战争罪行的理由："前秦已拔上党，上党民不乐为秦而归赵，赵卒反覆。非尽杀之，恐为乱。"上党守冯亭把上党献给赵国直接引发了长平之战，从这件事开始，武安君白起丧失了在征服了敌国土地以后成功征服人心的信心。在白起看来，这四十万赵国士兵永远都是赵国人，他们永远不会真心归顺秦国，永远都会和秦国作对，要永绝后患，唯一的办法就是把四十万士兵变成死人。

就这样，白起亲自策划并执行了中国历史上规模最大的一次屠杀，四十万投降的赵国士兵被集体活埋，只有两百四十个年轻士兵被白起放回去报信以羞辱赵国。扶栏客认为，白起能够创造这个恐怖而血腥的记录，完全是由于赵括在断粮以后没有及时突围而导致的。四十六天的断粮彻底摧毁了赵国士兵的体力和意志，虚弱的士兵们根本无力与残酷的命运抗争了。这个恐怖的消息迅速传遍了赵国，从此以后，白起这个名字也像一个恐怖的诅咒印在了赵国人的心里，白起也因此成了饱受诟病的兵家传奇人物——从消灭敌人的战绩来讲，白起不仅空前，而且绝后。正因为如此，从人道主义的角度来看，名将白起是一个地地道道的杀人魔王。后来有支持白起的学者认为白起当时屠杀赵国四十万降卒的决策是正确的，因为如果不这样赶尽杀绝，后来这四十万降卒很可能真的如白起预料的那样再次找机会起来反抗秦国，那么秦国取得长平大战胜利的成果将大打折扣。另外，也有学者认为白起的血腥屠杀给了其他六国一个明确的信号：投降是没有活路的。因此从长平大战以后六国的人们不再对与秦国妥协抱有幻想，从而跟秦国死磕到底，秦始皇统一六国的过程也就变得更加艰难和血腥。完全依靠血腥杀戮和强权镇压建立起来的秦帝国看似强大，实际上早就人心丧尽，所以，在陈胜吴广举起义旗以后，秦帝国很快就土崩瓦解，二世而亡，成为中国历史上少有的短命王朝。

邯郸城的赵国王宫里，赵孝成王后悔得痛心疾首，他想起了那个为他解梦的宫廷算命大师，他还想起了阻止他占便宜的平阳君赵豹，以及阻止他重用赵括的蔺相如，还有预言赵括必然会失败的赵括母亲。赵孝成王当初不相信这些人，执着地坚持自己的主张，现在事实证明这些人都是对的，而赵孝成王错了。犯错误总是要付出代价的，赵孝成王为这个错误付出的代价是，从此赵国元气大伤，彻底失去了与秦国争霸抗衡的实力；而赵孝成王自己也注定要成为后世帝王的反面教材。

预言家必死

屠杀了四十万降卒的白起继续乘胜追击，到长平大战的第二年，也就是秦昭王四十八年（前259年）的十月，秦国再次收复上党。赵国在秦昭王四十五年的时候才从上党守冯亭的手里接收上党，刚刚三年，赵孝成王抱在怀里的"大馅饼"被秦国抢了回去。秦军占领上党以后部队分成了两股，长平之战前期的"总司令"王龁率领一支部队攻占了皮牢，同时司马梗率领另一支部队占领了太原。

秦国咄咄逼人的攻势让赵国和韩国非常恐惧，按照白起的战争效率推算，用不了多久赵国和韩国就要灭亡了。在军事上无法抵挡秦军的赵国和韩国只好依靠纵横家，企图通过外交努力阻止秦军的进一步侵略。赵王和韩王委托纵横家苏秦的弟弟苏代去游说秦国相国应侯范雎（jū），苏代给范雎带去了大量的黄金财宝作为见面礼。不过与赵国的郭开不同，秦国相国范雎并不是一个为了钱可以出卖一切的人，事实上，范雎是一位谋略过人的名相，其职业精神和职业水平都是郭开之辈无法相比的。当初就是范雎在长平决战前一手策划了反间计，使得纸上谈兵的赵括替代廉颇担任赵国长平前线"总司令"，从而为白起顺利取得长平大战的胜利扫清了障碍。所以想要收买这样一位豪杰出卖国家利益实在不大可能，可是人总有弱点，苏代偏偏就找到了范雎的弱点，并用一番言辞恳切的形势分析游说成功。需要说明的是，苏代分析的形势并不是国与国之间的，而是范雎与白起之间的博弈形势。在苏代眼里，范雎和白起这两大秦国的绝世高人就像装在一个罐子里的两只好胜的蛐蛐，掐起来是早晚的事，而苏代要做的不过是用一根细细的草棍挑拨一下罢了。

苏代见到范雎以后开始了提问："武安君白起已经打败了马服君的儿子赵括了吗？"

范雎回答："是的。"

苏代又问："武安君白起是不是即将围攻邯郸？"

范雎回答："是的。"

苏代的两个提问得到了肯定的回答，完成了纵横家游说前的铺垫，然后苏代切入正题，他说："白起擒杀赵括，围攻邯郸，赵国马上就要灭亡了，秦王的王道霸业也即将实现，白起肯定因此被封为三公。白起曾经为秦国的版图扩张了七十多个城邑，在南方平定了鄢、郢、汉中，在北方大败赵括率领的赵国主力部队，即使是以前的周公、召公、吕望的功劳也不能超过他。现在如果赵国被白起灭亡，秦王的王道霸业就会成功实现，那么白起必然会成为秦国的三公，请问您能屈居白起之下吗？即使您不愿意屈居其下，恐怕也无能为力。秦国曾经进攻韩国，包围邢丘，围困上党，上党百姓却不愿意归顺秦国而投奔了赵国，天下人从来都不希望成为秦国百姓。现在秦国即使灭掉赵国，赵国的北部领土将被燕国侵吞，东部领土将被齐国吞并，而南部的领土可能将划入韩国和魏国的版图，这样秦国能够得到的百姓能有多少呢？与其这样，还不如让韩国和赵国割地求和，免得白起再立下灭赵之功。"

苏代的话很有杀伤力，他首先指出了名将白起即将立下超越名相范雎的不世之功，只要在白起的领导下秦军灭亡了赵国，那么白起必然会被封为三公，从而在地位上凌驾于范雎之上。也就是说，如果白起灭亡赵国是早晚的事，那么范雎屈居白起之下也是早晚的事，这将不以范雎的意志为转移。唯一能够改变这个可怕现实的办法就是阻止白起灭亡赵国，当然，这需要一个理由。而这个理由苏代已经为范雎找好了：秦国灭了赵国肯定会便宜了赵国的其他四个邻国，而秦国自己却得不到多少好处，因此接受韩国和赵国割地求和的建议才是使秦国利益最大化的最佳方案。瞧瞧，这样一个答案，真是听起来公正严谨，说起来理直气壮。

范雎也是纵横家出身，他当然知道苏代的目的，但是他也不得不承认苏代分析得很透彻，扪心自问自己的确也不甘心沦落到屈身白起之下的地步。另一方面，从白起灭赵以后秦国可获利益的角度来分析，苏代的说法也不是完全没有道理，赵国灭亡以后秦国很可能无法控制局面，从而让另外四个邻国占了大便宜。如果出现这种局面，那么秦国等于白白给四国"打工"。当然秦国灭亡赵国之后占不到便宜只是一种推测，而白起在灭亡赵国之后会位居范雎之上也是一种推测，不过后一种推测的可能性要远远大于前一种推测——苏代只是提出了建议，但这是一个令范雎无法拒绝的建议。

范雎随即向秦昭王提出了罢兵议和的建议，他说："秦国士兵已经很疲劳了，请大王答应韩国和赵国的割地议和条件，罢兵停战，让士兵们得到休养。"从秦昭王四十三年（前264年）白起发动对韩国陉城的进攻到秦昭王四十八年秦国收复上党，秦国这场针对韩国

苏代　范雎

55

和赵国的战争已经持续了整整五年。因此范雎说秦国士兵需要休整的确也不是危言耸听。但是秦昭王在接受范雎的建议之前似乎应该征求一下武安君白起的意见，毕竟对这场战争最有发言权的人应该是白起。可是很奇怪，秦昭王并没有和武安君白起商量，甚至没有向白起通报相关情况。秦昭王在接到相国范雎的建议以后马上同意让韩国和赵国割地议和。作为战胜国，秦国顺利接收了韩国割让的垣雍和赵国割让的六个城邑。在得到韩国和赵国的割地赔偿以后，秦昭王心满意足，在秦昭王四十九年正月正式下令罢兵休战。

白起接到罢兵休战的命令之后仰天长叹，夜不能眠。

邯郸指日可下，这时雄才大略、心狠手辣的秦昭王却突然要罢兵休战了——这很不符合秦昭王的风格。很快白起接到情报，经过逻辑推理和文学加工，范雎如何在苏代的撮合下促成这次割地议和的过程，被白起在自己的脑海里勾画出了基本轮廓。武安君白起想不到自己在前面浴血奋战创造的大好机会被相国范雎一句话就轻描淡写地断送了。生来就要战斗的白起并不在乎世界上多一个敌人，于是，从此以后武安君白起和应侯范雎就成了一对秦国政坛上的冤家。

不用打仗的日子过得快，转眼又到了黄叶飘落的季节。

九月天气，秋高气爽。

秦国士兵休养了八个月再次出征了，目标仍然是赵国都城邯郸。这次主持讨赵工作的将军是五大夫王陵——因为此时武安君白起病倒了，不能率兵出征。也许是此时的赵国已经迅速从上次战败的阴影中走了出来，也许是王陵的确能力不足，总之王陵领导的讨赵战争很不顺利，整个军事行动乏善可陈。为了支持王陵的工作，秦昭王后来又陆续增派了援军，可是在秦昭王的全力支持下王陵不仅没有扭转不利局面，反而屡战屡败，后来竟然在阵前损失了五名校尉。这样的惨败在白起主持秦国军事工作时期是不可想象的。不怕不识货就怕货比货，经过这次军事失利，秦昭王越发深刻地认识到了白起的价值。

就在王陵的五名校尉阵亡之后不久，秦国的第一名将武安君白起病愈了。秦昭王听到这个消息非常高兴，只要这台"国宝级的战争机器"再次启动，秦昭王就有信心横扫一切障碍。于是秦昭王派出了使者去看望白起，并向白起转达了秦昭王希望白起再次领命出征、代替王陵进攻邯郸的愿望。

　　白起此时冷静得像块秋风里的石头，他坚决地拒绝了秦昭王的提议："邯郸实未易攻也。且诸侯救日至，彼诸侯怨秦之日久矣。今秦虽破长平军，而秦卒死者过半，国内空。远绝河山而争人国都，赵应其内，诸侯攻其外，破秦军必矣。不可。"白起亲自指挥过对赵国的战争，他对赵国军队的战斗力有切身体会。事实上，如果不是赵孝成王中了应侯范雎的反间计让赵括替代了廉颇，长平大战的胜负其实很难预料。长平大战之后赵国不仅元气大伤，而且国内士气低落、民心浮动，那正是夺取邯郸的最佳机会。然而苏代忽悠了范雎，范雎又忽悠了秦昭王，致使征服赵国的战争在邯郸城下戛然而止。现在可怕的赵国在廉颇的领导下恢复了士气和力量，而秦昭王突然又想打邯郸的主意了，这在白起看来很不理智。白起判断秦国进攻邯郸不仅无法取得胜利，而且还会陷入腹背受敌的危险境地。白起的理由主要有四个：首先邯郸并不是一座平常的城市，而是赵国的都城。赵国在这里不仅部署了坚固的防御工事和强大的军力，而且邯郸作为赵国的象征，赵国上至君主下至士兵百姓都不可能放弃自己的都城，为了自身的安全和生存赵国上下必然会万众一心拼死保卫；其次是经过长平之战，其他五国，特别是与秦国接壤的几个国家对秦国的征服战争有了清醒的认识。如果赵国灭亡，其他国家就会一个接着一个地沦为秦国的下一个进攻目标。所以这次赵国的都城邯郸遭到攻击，各国诸侯不约而同地表达了对赵国的同情和支持。有的向赵国派出了援军，有的提供了各种物资支持，总之秦国灭亡赵国的战争已经演变成秦国与其邻国之间的战争；第三，经过常年的征战，秦国的实力也明显削弱。按照白起的说法，长平之战虽然歼灭了赵国四十多万人，但是秦军也阵亡过半，国内无论经济还是兵源都出现了难以为继的现象；第四，邯郸距离秦国遥远，中间不仅隔着黄河，而且还隔着太行山，在当时落后的交通运输条件下，拉开如此长距离的战

线远征，在缺乏外援和百姓基础的情况下必然要速战速决，否则将陷入非常被动的局面。如果秦军进攻邯郸的时候不能迅速取胜，就会被赵国拖住秦军的主力，这时候如果其他国家再从其他方向对秦军或者秦国本土发起进攻，那么秦军就不得不陷入两线作战、腹背受敌的危险境地。这样看来，白起拒绝出任围攻邯郸战役的"总司令"，好像并不是因为上次秦昭王草率停战而闹情绪。作为一台高度精密的战争机器，白起无法接受一场经过严密论证后认定要失败的战争，这才是他拒绝秦昭王任命的真正原因。

然而，急于求成的秦昭王根本没有认真思考白起的建议，看到自己的使者碰了钉子，秦昭王亲自跑到白起府上请白起出山。出乎秦昭王意料的是，这个自己一手提拔起来的将军居然一点面子都不给：武安君白起仍然坚持自己的观点，拒不接受秦昭王的任命。秦昭王还是不甘心，他派出了范雎去劝说白起。范雎早年是一位出色的纵横家，他能成为秦国相国很大程度上就是依靠自己逻辑严密的分析和令人拍案的口才。秦昭王心想，也许口若悬河的名相范雎能够说服这位固执己见的名将白起——秦昭王也许并不了解范雎和白起之间的微妙关系。结果是，白起见到了范雎就更加坚定了绝不从命的决心。

为了避免秦昭王继续纠缠，武安君白起再次称病。三十多年的戎马奔波怎么可能没有毛病？白起做出了准备退休的姿态。武安君执意不从，秦昭王也无可奈何。于是秦国派出了长平大战的前期"总司令"王龁（hé）代替王陵出任邯郸前线"总司令"，指挥围攻邯郸的战役。

后来邯郸战役的发展跟武安君白起预料得分毫不差。

王龁接替王陵以后仍然无法突破邯郸城的防线，这场战争自王陵上任到王龁接任之后持续了整整十七个月，秦军在邯郸城下始终无法前进一步。

与此同时，楚国的春申君和魏国的信陵君率领的数十万援军赶到了，于是，秦军内外交困、腹背受敌，只得惨败而归。

武安君白起的预言变成了残酷的现实。如果白起是一位纵横家，他此时就应该清楚地意识到自己由于不合时宜地充当了历史预言者而处境危险，因为白起的英明只能证明秦昭王的愚蠢。

可惜白起不是纵横家，他听说了王龁在邯郸惨败的消息以后不仅没有向秦昭王表示关心，并积极出谋划策帮秦国渡过难关，甚至没有闭嘴。他沾沾自喜地到处跟别人分享自己的预言心得："秦不听臣计，今如何矣！"

秦昭王很快就得知了白起幸灾乐祸的消息。秦昭王愤怒了，白起虽然出色，可是如果没有自己的重用，出身士卒的白起就不可能有今天武安君的地位和待遇。在秦昭王看来，如果当初白起能够急国家之所急接受任命，秦军或许不会遭到如此惨败。在这场战役的前前后后自尊心很受伤的秦昭王久压在心头的无名愤懑，被白起得意扬扬的风凉话点燃了。

秦昭王决定不再容忍白起置身事外做预言家，他对白起下了一道严厉的命令，要求白起必须马上出任秦国将军。武安君白起既然创造了人类历史上无法超越的战争记录，就必然具有超凡脱俗的心理素质和人生信条。在接到秦昭王杀机已显的命令后，白起依然我行我素，坚决声称自己的健康状况无法适应秦昭王的任命。秦昭王再次派范雎去请白起，白起当然还是不会给仇家范雎面子，继续称病要求疗养。

秦昭王对这位永远不会犯错的老将军彻底丧失了耐心，盛怒之下的秦昭王下了一道命令，不仅削去白起武安君的爵位，而且将白起一撸到底，把白起变成了普通士兵，然后秦昭王要求白起马上离开咸阳到阴密的军中报到。四十年的艰苦奋斗和南征北战，白起由一个基层士兵不仅一步一步登上了秦国第一名将的高位，而且还获得了"终生成就奖"；而现在一切都随风而去，白起的人生又回到了起点。白起彻底病倒了，这次是真的。这位战斗了一生、杀戮了一生的老兵卧床不起，无法去阴密报到了。

此刻秦国形势更加危急，各国军队对秦国不依不饶，继续加紧打击秦国，秦军连续撤退，无力抵抗联军的攻击。遭到持续打击的秦昭王对白起的怨恨与日俱增，连续派使者催促白起，不许他在咸阳停留，必须马上上路去阴密报到。

身心疲惫、满腹悲凉的白起只好离开了咸阳，来到了咸阳西门外十里

的杜邮。

白起走了，秦昭王却对这位战争机器更不放心了，他召集了以相国范雎为首的群臣讨论白起的问题。秦昭王说："白起之迁，其意尚怏怏不服，有余言。"从秦昭王的话里可以看出当时白起可能又发表了不利于秦昭王的评论或者预言，虽然《史记》里没有明确记载，不过这也符合白起一贯的宁折不弯的性格。相国范雎知道此时已经是到了白起的最后时刻了，不过作为纵横家的他已经不需要再推波助澜了，此刻保持沉默就是落井下石。

于是秦昭王派出使者送给白起一把锋利的宝剑，使者带去了秦昭王的命令：自裁。

杜邮。

老迈憔悴的白起手捧着秦昭王送来的王者之剑仰天长叹："我何罪于天而至此哉？"

人之将死其言也善，面对死亡的白起并没有抱怨秦昭王，也没有反思自己作为一个职业军人对秦昭王的不当言行，而是对天发出了感叹和疑问。

四十多年的战争场面在白起的脑海里以快镜头的表现形式闪过，最后定格在了长平那个血腥的画面。白起醒悟了："我固当死。长平之战，赵卒降者数十万人，我诈而尽坑之，是足以死。"白起为自己的报应找到了充分的理由，他并没有觉得自己对不起秦国和秦昭王，而是对不起那些在长平已经放下武器却被集体活埋的四十万赵国俘虏。

司马迁运笔至此，《史记》为我们展示了这样一个价值取向：缺乏人道主义精神的豪杰无法得到历史的原谅，更无法面对自己的良心的拷问。

白起把王者之剑横在了脖子上，血溅黄土。

此时是秦昭王五十年(前257年)的十一月，寒冷的天气仿佛是为了配合人类历史上最出色的战争机器的自我毁灭。秦国人民没有忘记这位饱受争议的名将，在他们朴素的价值观里，白起并没有做对不起秦国的事，他的死对秦国来说是一个巨大的悲剧，于是得到秦国人民同情的白起在死后获得了百姓自发的祭祀。

想一想，猜一猜

1. 赵括的军事理论和辩论能力超越了他的父亲赵奢，为什么赵奢没有高兴反而非常忧虑？

2. 白起为什么要在长平大战后杀害四十万已经投降的赵国士兵？请你设想一下，如果白起不这样做会对秦国后来统一六国产生什么样的影响？

3. 你认为白起对秦国再次发动进攻赵国都城邯郸的战争的分析和预测有道理吗？请你设想一下，秦昭王不认可白起对于邯郸之战的分析和预测的原因。

4. 为什么早期秦昭王对白起非常信任和重用，而在邯郸之战以后对白起越来越猜疑？

5. 白起认为自己后来自杀的结局与他在长平杀害四十万赵国士兵有关，你认为白起的这个观点有道理吗？为什么？

我是考证控

1. 请考证白起担任过的官职，并说说左庶长、左更、国尉、大良造这些官职的职责是什么？

嫁：转移。把自己的祸事推给别人。

语出《史记·赵世家》："韩氏所以不入于秦者，欲嫁祸于赵也。"

【利令智昏】

令：使；智：理智；昏：昏乱，神志不清。因贪图私利而失去理智，把什么都忘了。

语出《史记·平原君虞卿列传》："鄙谚曰：'利令智昏。'平原君负冯亭邪说，使赵陷长平四十余万众，邯郸几亡。"

【不遗余力】

遗：留；余力：剩下的力量。把全部的力量都使出来，一点也不保留。

语出《史记·平原君虞卿列传》："秦不遗余力矣，必且欲破赵军。"

臣宁伏受重诛而死，不忍为辱军之将。

——白起

名将的幸福生活——王翦

拿什么激励你

如果用个人的幸福指数来衡量，名将并不是一个理想的职业。吴起、李牧和白起死于非命；廉颇郁郁而终；乐毅和田单虽然属于自然死亡，不过观其一生也是颇多凶险；孙膑轻信同学而变成残障人士。如果用现代人力资源观念来看，名将显然是一种容易出现心理疾病和心理障碍的高危职业，长期地游走于死亡边缘和巨大责任下的心理压力以及因为制造了大规模杀戮而产生的负罪感很容易导致心理问题。心理健康都无法保证，自然也就很难谈得上幸福了。

不过，王翦好像是个例外，这位辅佐秦王政统一六国的大功臣就其战绩来说并不能超越前辈白起，甚至比不上自己的对手李牧，可是要论幸福指数，在春秋战国时期的名将当中他恐怕要稳居榜首了。究其原因，王翦擅于在事业与幸福之间寻找到关键的那个平衡点。

　　和前辈白起一样，王翦也是一位土生土长的秦国将军，他的家乡是频阳东乡（今陕西省富平县东北）。《史记》记载这位王翦"少而好兵"，也就是说，王翦从青少年时代就表现出了卓越的军事素质，后来他得到了秦王政的重用。秦王政十一年（前236年），王翦领兵攻破了赵国的阏与（今山西和顺西），占领了九座城邑。秦王政十八年王翦再次领兵伐赵，这次王翦遭遇到了生平第一个强大的对手李牧。经过激烈交战，王翦发现自己在军事上无法战胜李牧，于是就用了反间计。糊涂的赵幽缪王中了王翦的反间计，杀掉了名将李牧，为王翦灭赵拆除了一座无法逾越的长城。一年后，王翦攻破了邯郸，实现了秦昭王和白起当年的梦想。赵幽缪王赵迁投降了秦国，从此赵国彻底灭亡，成了秦国的一个郡。第二年，绝望的燕王派出了著名杀手荆轲刺杀秦王，企图以此挽回燕国覆灭的命运。可惜荆轲虽然勇气过人，但是武功却欠佳，最后秦王政有惊无险，大难不死。逃过一劫的秦王政恼羞成怒，马上派遣王翦率领大军进攻燕国。王翦大破燕军主力，燕王不得不逃到了辽东，王翦顺势占领了燕国的蓟，得胜而归。后来秦王政又委派王翦的儿子王贲率兵进攻楚国，楚军大败。王贲撤军的途中顺手对魏国发起了进攻，懦弱的魏王实在无法忍受与秦国无休止的战争，自己放弃了抵抗，投降了秦国。魏国步赵国的后尘成为秦帝国版图的一部分。

　　当时秦国已经平定了韩、赵、魏三晋之国，燕国随着燕王的出逃已经名存实亡，而此时的楚国在秦国的打击下节节败退，秦王政就锁定了看似强弩之末的楚国作为下一个吞并的目标。秦王政在选择灭楚大将的时候多了一个选择，那就是李信。李信就是后来汉朝著名的飞将军李广的祖先。与王翦的沉稳谨慎相比，李信当时年轻气盛，正是一颗冉冉升起的将星。在进攻燕国的时候，李信曾经率领数千士兵追击策划荆轲刺秦王的幕后主使燕太子丹，在衍水大破燕军，活捉了秦王政的死仇太子丹。秦王政下令王翦进攻燕国的导火索就是太子丹策划的暗杀行动，所以李信活捉太子丹也就是在合适的时机立了一个合适的功劳，因此立即得到了秦王政的赏识。

现在要策划灭楚战争了，秦王政非常自然地把李信列入了主将候选名单，并很快把李信找来谈话。秦王政问李信："吾欲攻取荆，于将军度用几何人而足？"从某种方面讲，战争是人类各种有组织的活动当中最耗费资源的一种，因此秦王政非常关心如果任用李信担任主将发动灭楚战争所需要的兵力，因为投入兵力的多少决定了这场战争预算的大小。秦王政当时的心理类似于今天的网购一族，誓把价格比到底，这样的人肯定属于节俭持家的类型，过高的报价很可能吓跑这种价格敏感型的人。李信虽然年轻，但是也深知人的心理；另外年轻的李信急于取得一个大军功来确立自己在兵家业界的地位，于是他一狠心报了一个让同行无法竞争的价格。李信说："不过用二十万人。"

秦王政心里有数了，马上又找来王翦报价。王翦却是一个重质量的兵家，他关心的是"履行合同"的把握，于是王翦说："非六十万人不可。"

这场战争的"中标者"到此再无悬念，秦王政立即落锤宣布李信竞标成功。为了衬托自己省下了四十万兵力预算的精明，秦王政还不忘了揶揄王翦："王将军老矣，何怯也！李将军果势壮勇，其言是也。"

王翦听到秦王政讽刺自己老迈怯懦，丝毫没有表现出气愤和不满，他非常厚道地笑了笑，啥话也没说。

竞标成功的李信立即走马上任，率领二十万秦军踏上了征途。老将王翦知道这时候秦国不再需要自己了，于是向秦王政请了病假，回到老家频阳修身养性。

为了保证灭楚战争的胜利，秦王政派出了另一位名将蒙恬作为李信的副手一同出征。李信和蒙恬很快商定了对楚作战的计划：由李信率领一支部队从楚国的平与（今河南省平与北）发起进攻，而蒙恬则率领另一支部队从寝丘（今安徽省临泉）发动攻势，两路大军遥相呼应，迫使楚国首尾难顾。事实上，李信和蒙恬的计划一开始收到了很好的效果，两路大军几乎同时大破楚军，首战告捷。

捷报传来，秦王政非常欣慰，如果二十万军队就能灭掉强大的楚国，

那么自己的统一大业指日可待。秦国真是人才辈出，年轻的李信很快就能成为代替王翦的又一位杰出名将，秦王政为自己起用新人收到的奇效感到非常得意。

前方的李信不仅很畅快而且很兴奋，白起和王翦在自己这个年龄是没有立下灭掉一个大国的盖世奇功的，只要自己乘胜追击，就将成为秦国乃至战国历史上最年轻的名将。李信被自己构想的辉煌前景所振奋，接下来，李信抓紧战机扩大战果，马不停蹄地发动了对鄢和郢的攻势。年轻壮勇的李信此刻如战神附身，势不可挡，很快就再次大破楚军。按照原定作战计划，志得意满的李信在获胜之后马上向西开拔去城父（今河南平顶山市北）会合蒙恬。

得意忘形的李信没有注意到身后出现了楚军主力，他怎么也没想到被自己屡次击败的楚军并没有丧失斗志，或者说此前楚国军队不堪一击的表现根本就是一个假象，此刻楚军已经集结了主力精锐部队像影子一样跟了上来。楚军的这次行军可谓兵贵神速，三天三夜，楚军主力人不卸甲，马不离鞍，紧紧追踪着李信的部队来到了城父。

成功会师的李信和蒙恬正沉醉在胜利的喜悦当中，全军上下非常放松地享受着李信创造的伟大历史成就感。就在这时，凶神恶煞的楚军主力仿佛从天而降，向沉醉在胜利之中的秦军突然发起了进攻。李信和蒙恬猝不及防，还没来得及整顿队伍、集结阵形就被凶猛的楚军主力冲击得七零八落、溃不成军。楚军主力很快突破了秦军的两道防线，七位秦军的都尉在混战中阵亡，秦军大败而逃。

秦王政之所以能成为统一六国的千古大帝的确有他的过人之处。听到前线失利的消息，他没有像自己的先人秦昭王那样恼羞成怒强行命令王翦出山，而是迅速调整了自己的心态，骑着快马一口气跑到了王翦的老家频阳，登门拜访。

秦王政见到王翦以后说："寡人以不用将军计，李信果辱秦军。今闻荆兵日进而西，将军虽病，独忍弃寡人乎！"从秦王政的话里我们不难发现他不仅继承了秦昭王的雄才大略，而且还具备了秦昭王没有的过人情商。对于自己的用人错误，秦王政并没有回避，他首先坦率地承认自己犯了错误，因为没有接受王翦的报价轻信李信的豪言壮语，以致秦军损兵折将、惨败而归。其次，秦王政巧妙地用国家利益和荣誉来打动王翦。此时楚国军队正在乘胜追击，秦国即将陷入本土作战的危险境地，这样的危急时刻正需要王翦这样的英雄出来力挽狂澜。最高明的是，秦王政并没有点破王翦是因为闹情绪而装病，他给王翦留足了面子：虽然将军生病了，但是你能忍心就这样抛弃寡人吗？

听了秦王的话，王翦即便之前有些小情绪，现在也都释然了，不过表面上他仍然不肯轻易妥协："老臣罢病悖乱，唯大王更择贤将。"既然当初秦王政嘲笑自己老迈怯懦，王翦干脆就承认自己的确不中用了，请秦王政另请高明。

秦王政错误承认了，道理也讲了，王翦还是不松口，秦王政只好祭出了君主的法宝：我说你行你就行，不行也得行。

秦王政说："已矣，将军勿复言！"

王翦知道自己必须控制情绪了，他不是战争机器，也不想成为第二个

白起。于是王翦顺势提出了自己的条件，王翦说："大王必不得已用臣，非六十万人不可。"

一分钱一分货，交了学费的秦王政决定不再跟王翦讨价还价："为听将军计耳。"

灞上。

出征的大军浩浩荡荡，军容整肃。

秦王政亲自送别王翦，亲切关怀之意溢于言表。

临别时刻，王翦再次提出了条件——出乎所有人的预料，王翦既没有向秦王政要求增兵派将，也没有要求增加装备和粮草，而是提出了个人的物质要求。他请秦王政答应给自己封赏大量的良田庄园，总而言之一句话：我要当地主。

秦王政很诧异，即将踏上征程去浴血奋战的将军提出这样的要求不仅在战国历史上绝无仅有，在整个中国历史上也非常罕见。于是秦王政安慰王翦："将军行矣，何忧贫乎？"

身为秦国的首席名将，王翦的薪酬待遇可想而知，就算即将退休，也不至于担心无法维持富足的生活。

可是王翦却不依不饶，他理直气壮地提出了自己的理由："为大王将，有功终不得封侯，故及大王之向臣，臣亦及时以请园池为子孙业耳。"王翦和白起不同，白起很早就得到了武安君的分封，因此即使退休也可以依靠分封的食邑维持安逸富足的生活。但是王翦却始终没有得到这种封赏。由于名下没有地产物业，王翦退休以后只能领取一定的养老金，所以王翦认为自己应该趁着秦王政需要他的时候多要点田园物业，为自己的子孙后代打算。

看着王翦可爱地打着自己的小算盘，秦王政站在灞上的桥头不禁哈哈大笑。

王翦率领的秦军主力很快到达了秦国的边境关隘，王翦派出了使者回去向秦王政汇报工作。不过再次出人意料的是，王翦汇报的工作跟军事行动无关，仍然与自己的利益有关。王翦再次希望秦王政一定要按照在灞上的约定封赏良田庄园给他，更过分的是，王翦一连派出了五个使者，而汇报的工作内容只有一个：王翦坚决要当地主，而且要当大地主。

王翦的亲信幕僚看不下去了，他们觉得王翦哪里还有一点名将的气度，简直就是个贪得无厌、斤斤计较的市井之徒。亲信说："将军之乞贷，亦已甚矣。"王翦太过分了，亲信幕僚觉得自己有必要提醒王翦差不多就行了，王翦这样为自己打小算盘的表现不仅很难看，而且很可能会激怒秦王政，况且这样在世人面前大胆呈现自己一副贪婪嘴脸的人实在是少有。王翦笑了，他向亲信公布了自己的真实想法："不然。夫秦王怚而不信人。今空秦国甲士而专委于我，我不多请田宅为子孙业以自坚，顾令秦王坐而疑我邪？"

对于一代名将而言，最难得的资源不是良田庄园，而是君主的完全信任。王翦早就发现秦王政是一个粗暴多疑的君主，现在为了灭楚，秦王政不得不征调了举国的兵力交给王翦。在暴力决定实力，实力决定一切的战国时期，君主做出这种决定以后一定会极度缺乏安全感。王翦身为秦国首席名将早已名利双收，他还缺什么呢？他对这个世界还存在什么样的要求呢？这个问题得不到解答，不仅秦王政没有安全感，王翦也没有安全感。乐毅和李牧都是因为没有给自己的君主提供一个可以有安全感的充分理由而下岗的，最后，一个出走跳槽，另一个身首异处。现在王翦为秦王政和自己找到了一个满足安全感的充分理由。王翦要得很贪婪，也很真实，这个即将退休、功德圆满的老将军没有大大的权利野心，只有小小的物质欲望。而对于一个即将拥有天下的帝王来说，满足将军的物质欲望易如反掌。

王翦用这种办法赢得了秦王政的绝对信任，成全了秦国的灭楚大业，也圆满了自己的幸福人生。如果按照情商水平排名，王翦很可能再次荣登战国名将的冠军宝座。

文体活动：士气的风向标

王翦很快到达了楚国前线，与楚军形成了对峙。楚王早就听说过名将王翦的名字，得知王翦举倾国之兵而来，楚王不敢大意，动员了全国的军队开往前线。

王翦并没有发动进攻，而是选择了坚守对峙。按照通常的战争规则，远道而来的远征军都急于速战速决，可是王翦似乎一点也不着急。后来，楚军着急了，开始频繁地跑到王翦大营前挑战。王翦下令坚守不出，每天闲来无事就让士兵们睡觉、洗澡，并想办法改善伙食。士兵们看见王翦每天跑到士兵的"食堂"跟大家一起吃饭。一边吃饭王翦还一边跟士兵们拉家常：家里几口人？种了几亩地？对伙食满意不满意？想吃点啥？要不要让食堂加两个菜？

士兵们觉得自己太幸福了，这哪里是来打仗玩命，简直就是"出国旅游度假"。王翦也觉得很幸福，手下幸福自己也就幸福。

幸福的日子一天又一天，年轻士兵们的精力如同积蓄在发电站水库里的水逐渐升高，蓄势待发。

有一天，王翦在和士兵们吃饭的时候，又开始和坐在旁边的小兵聊天，这次王翦询问军中战士现在有没有开展什么娱乐文体活动，身边的小兵笑着说："方投石超距。"士兵们跟着王翦吃得好、睡得足，年轻的士兵们闲得无聊就开始发展田径运动，比赛扔石头和跳高跳远。士兵们的文体活动是反映士气、体力和精神状态的直接指标，士气低落、疲惫颓废的士兵们也不会发展田径运动的。

王翦听到了小兵的汇报，自言自语地说："士卒可用矣。"

楚国大军连续挑战却无法与王翦决战，逐渐失去了战斗的欲望，于是他们悄悄地向着东方撤走了。

王翦看到敌人把后背留给了自己，马上露

出了凶猛的名将本色，他立即下令派出精锐部队追杀楚军。楚军这次的遭遇与上次他们大破李信的战役如出一辙：秦军跟着楚军的屁股拼命追杀，楚军军容大乱，狼突豕奔。

秦军追杀着楚军一路追到了蕲南（今安徽省宿州东南），楚国将军项燕在这里被秦军杀死，项燕是项梁的父亲，而项梁则是楚霸王项羽的三叔。楚军司令被杀，楚军群龙无首，彻底陷入了混乱状态。王翦军趁胜扩大战果，迅速占领了楚国的广大领土。率领六十万秦一年之后，楚王负刍被王翦俘虏，楚国彻底灭亡，楚国原属领土按照秦国的规矩整合成了郡县，纳入了秦帝国的版图。

王翦平定楚国后，继续向南方进军，用武力征服了南方的百越部落。王翦的儿子王贲也不含糊，他和李信搭档开始了对燕国和齐国的战争。王贲活捉了末代燕王姬嘉，彻底灭掉了燕国。

秦王政二十六年(前221年)，秦国统一了天下，秦王政称始皇帝，中华大地上的混战状态终于结束，一个强大的帝国出现在了世界的东方。

在秦始皇统一六国的进程中，在王翦和他的儿子王贲的直接领导下，秦国先后灭掉了赵国、魏国、楚国、燕国等四个国家，王翦可以称得上秦始皇完成统一大业的第一功臣。可是，俗话说功高震主，何况王翦王贲父子面对的是中国历史上以残暴多疑著称的秦始皇；但是王翦家族的结局非常好，王翦和王贲都得以安度晚年，自然而幸福地走完了人生旅途。王翦之所以能够将自己的家族保全得如此圆满，主要是因为他和秦始皇之间存在着默契的安全感。由于王翦坦率地表白了自己的物质欲望从而构建了与君王的双向安全感，又因为王翦拿捏到位的分寸感，王翦家族不仅在秦始皇时期生活幸福，而且一直到秦二世时代，王翦的孙子王离那一代仍然是备受秦帝国信任和重视的名将世家。可以这么说，王翦一边巧妙地构建了与秦始皇的和谐关系，一边也为自己的家族争取了大片的良田物业，因此退休后的王翦真的成了一代大地主。这位脱下戎装的大地主后来定居在频阳老家，在那里过着自己幸福的退休生活。

王翦创造了一个奇迹，不仅因为他和他的儿子灭掉了战国七雄中的四个强国，更因为他还提供了一种名将名臣与帝王相处的模式。从王翦的成功经验当中扶栏客得出这样一个结论：个人和集体能够实现双赢的才是可持续发展的和谐之道。

想一想，猜一猜

1. 王翦为什么在得到秦王政重用，率领大军出征楚国的时候多次向秦王政索要田产财物？

2. 在进入与楚国对峙的阵地后为什么王翦不急于出战而是让士兵休养？

3. 你认为王翦的军事才能比白起更出色吗？为什么王翦和白起后来的命运截然不同？

4. 你认为"为将者三世必败"这个观点有道理吗？为什么在现实当中确实存在这种现象呢？

我是考证控

1. 请考证秦始皇灭掉六国的依次顺序并解释产生这种顺序的原因。

出自《史记·白起王翦列传》。秦王将倾国之兵六十万交王翦统率，进攻楚国。秦王政亲自送将军至灞上，深知秦王疑心极重的王翦装作贪得小气的模样，行前多求良田屋宅。在秦王的轻松大笑中，王翦获得了必需的政治安全。

后来很多人用这种方式来表现自己没有背叛主上的意思。

【尺有所短，寸有所长】

短：不足；长：有余。比喻人都各有长处，也各有短处，彼此都有可取之处，没有人全是优点，也没有人全是缺点。

语出《史记·白起王翦列传》："鄙语二：'尺有所短，寸有所长。'白起料敌合变，出奇无穷，声震天下，然不能救患于应侯。"

【偷合取容】

奉承迎合别人，使自己能苟且地生活下去。同"偷合苟容"。

语出《史记·白起王翦列传论》："偷合取容，以至圽身。"

74

汉武雄风的标志——卫青、霍去病

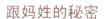

卫青

跟妈姓的秘密

卫青字仲卿，平阳人（今山西临汾市）。他的父亲名叫郑季，我们知道"季"在中国古代就是老三的意思，当时中国普通百姓家的孩子很多都起了类似的名字，例如汉高祖刘邦在发达之前就叫刘季。郑季也是一位基层官吏，《汉书》记载他以"平阳县吏"的身份进入平阳侯府当差。后来他和侯府一位被称作卫媪（ǎo）的婢妾发生了一段感情。卫媪后来生下了名将卫青。

卫青上面还有同母异父的一个哥哥三个姐姐，哥哥名叫卫长子，三个姐姐依次是卫孺、卫少儿、卫子夫。

卫青小时候受了很多苦。当时卫青的生母生活也很艰难，于是少年时代的卫青被送到了郑季那里。作为孩子的生父，于情于理郑季的确应该履行抚养孩子的义务。不过据《史记》

记载，在卫青来到郑家以后，郑季就派他出去放羊；而且郑季其他的儿子们根本没有把这个来历不明的孩子当成自己的兄弟，他们对少年卫青呼来喝去，完全是一副主子驱使奴才的样子。

可以想象，在生父、继母和同父异母兄弟的冷漠和歧视下，卫青的少年时代是多么的孤苦和寂寞。这个放羊娃就像一株野草一样迎风顽强地成长着，默默地承受着超越了自己年龄的沉重和不幸。

中国历史上很多豪杰在发达之前都曾经经历过类似的磨难，当然并不是每个历经磨难的人都能成为豪杰，受过苦的孩子还必须具备豪杰的素质才能最终成为豪杰。豪杰的素质说起来很复杂，为了概括这种复杂而神秘的豪杰素质，中国传统的史学家和小说家往往借助一些大师的预言来渲染豪杰们命中注定的不凡。

《史记·卫将军骠骑列传》当中就记载了卫青少年时代一次邂逅大师的传奇经历：有一年卫青跟着别人来到了汉帝国皇家宫殿甘泉宫，在这里他遇到了一个囚徒。当时这位囚徒大概是在这里服劳役。自古以来，很多文学作品总爱描写囚徒当中卧虎藏龙，不乏高人异士的情节，比如《基督山伯爵》《悲惨世界》。这位囚徒可能就是一位可以预知未来的高人，他见到卫青以后就对这个小伙子大为赞赏，他说"贵人也，官至封侯"。

卫青少年老成，听到囚徒大师的惊人预言，他既没有惊讶也没有狂喜，而是自我解嘲地回答："人奴之生，得毋笞骂即足矣，安得封侯事乎！"这段放羊娃和囚徒大师的对话生动有趣，既预言了卫青辉煌的未来，又强调了卫青卑微的当下。理想和现实的差距很远也很近，对个人来说很远，而对历史而言却很近。

成年后的卫青一表人才，由于卫青生母的关系，他回到了平阳侯府，成了平阳公主的骑奴。骑奴就是骑马的家奴，主要工作职责无非就是跟随平阳公主出行以壮声势，或者陪同平阳公主走马射猎。卫青能走上这样的岗位可见其骑术不俗，这位后来的名将就这样开始了马背上激情燃烧的人生。

阿娇吃醋

建元二年(前139年)，这是汉武帝刘彻登上帝位的第二个年头，对于大汉帝国来说这是一个普通的年份，不过对于卫青的个人奋斗史而言这一年却是一个转折点，因为在这一年的春天卫青同母异父的姐姐卫子夫进宫了。年轻的刘彻很快就喜欢上了这个来自平阳侯府的女孩子，《史记·卫将军骠骑列传》记载："建元二年春，青姊子夫得入宫幸上。" 卫子夫得到了年轻皇帝的宠爱，卫青作为皇帝的小舅子也得到了提拔——从平阳公主身边调到建章宫当差，虽然级别不高，却也是正经的差事。可是这样的官吏在汉帝国的首都多如牛毛，卫青距离帝国的权力中心依然非常遥远。要不是汉武帝刘彻的皇后不理智的行为，汉武帝也许永远不知道自己还有这样一个值得培养的小舅子。

汉武帝刘彻的这位皇后名叫陈阿娇，这位阿娇皇后号称长公主，是刘彻姑姑堂邑长公主的女儿，也就是刘彻的表姐。著名的"金屋藏娇"的成语就是源自这位长公主。据说当年刘彻还是一个小男孩的时候就遇到了也是小女孩的陈阿娇，刘彻很喜欢这个表姐，两个小孩在一起玩耍非常融洽。刘彻的老爸景帝看到两个小孩在一起亲密无间的样子就跟自己的儿子开了个玩笑："等以后阿娇长大了，把她嫁给你当媳妇好不好？"刘彻人小志气大，他豪迈地做出了承诺："如果把阿娇嫁给我当媳妇，我就用黄金盖一个房子给她住。"后来陈阿娇长大了真的嫁给了刘彻当媳妇，不过刘彻不仅没有给她盖黄金屋，而且跟这位成年后的表姐也玩不到一块去了。后来温柔漂亮的卫子夫进宫了，再后来刘彻就很少到陈阿娇的宫里来了，再再后来阿娇听说卫子夫怀孕了。皇后陈阿娇终于忍无可忍，积蓄已久的怒火终于爆发了。

陈阿娇决定报复，但是她却找不到机会对卫子夫下手，怀孕的卫子夫正处于帝国严密的安全保护之下。不过，皇后陈阿娇很快就找到了发泄怒火的替代品，有人向皇后汇报卫子夫还有一个弟弟在建章宫当差。于是，皇后马上派人去建章宫绑架了刚当上小官吏的卫青。就这样，当时卫青的处境非常危险，只要陈阿娇动动嘴皮子这位未来的名将就可能死于非命。不过卫青的运气非常好，因为他不仅有一个被皇上宠爱的姐姐，而且还有一位讲义气的朋友。卫青这位讲义气的朋友就是后来跟随卫青多次出征并得以封侯的公孙敖。当时公孙敖已经是大汉帝国的职业军官"骑郎"了，他得知卫青被抓的消息非常着急，连夜打听到了皇后关押卫青的地方，然后就找了几个伙伴拼死把卫青救了出来。

　　这事很快惊动了汉武帝刘彻。豪杰都有个性，何况是和秦始皇齐名的汉武帝刘彻！这位性格叛逆的年轻皇帝马上做出了一个让陈阿娇更受刺激的决定：立即提拔卫青担任建章监、侍中，同时封赏了卫子夫的其他兄

弟。另外汉武帝刘彻封赏了大量的金银财宝给卫子夫的家族，"赏赐数日间累千金"。与此同时，卫青的大姐卫孺也嫁了一个成功男人，他就是太仆公孙贺。后来卫青的这位大姐夫还当上了武帝后期的丞相，可谓显赫一时。卫青的二姐卫少儿当时还没有嫁人，不过她的未婚夫陈掌居然也被汉武帝召见并且得到了提拔。公孙敖因为营救卫青的仗义之举也得到了汉武帝的重视，"公孙敖由此益贵"。不久以后，卫子夫被封为夫人，卫青再次得到提拔，被封为大中大夫。

走出去战略

　　每个时代都有每个时代的历史主题，从文景之治以来汉朝的历史主题就是休养生息，以提高综合国力。经过两代皇帝的不懈努力，到了汉武帝刘彻当家的时候，汉朝已经经济繁荣、国库充裕了，不过汉武帝实在厌倦了这种继续父辈政策、毫无新意的皇帝生活，他需要令人仰止的光荣事迹来证明自己是一位超越父辈的杰出皇帝。于是，刘彻决定对经常冒犯大汉朝的匈奴不再客气。

　　最初，汉武帝刘彻打算学习借鉴战国时期赵国名将李牧的战略战术，也打算设下埋伏，给匈奴来一个诱敌深入、大破单于。

　　于是在元光二年(前133年)，也就是汉武帝刘彻登上帝位的第八年，汉武帝刘彻亲自导演了一次大规模伏击，伏击地点选在马邑。但是非常遗憾，汉武帝刘彻布置诱饵的水平太幼稚。匈奴突破汉朝边境长城要塞后根本没有遇到汉朝的一兵一卒，行军异常顺利；与此同时，那漫山遍野的牛羊居然无人看管，这些现象引起了单于的怀疑。即便是当初四面受敌的赵国在对匈奴实施诱敌深入的时候至少还派出了部队抵挡了一下，并留下了几千人的俘虏；而此时的汉帝国太平繁荣、国力强盛，这样一个庞大帝国的国防松懈到如此地步让人难以置信。那些无人看管的牛羊更是可疑，李牧诱敌的时候虽然也是"牛羊漫山遍野"，可是毕竟还安排有很多男女在放牧；现在到了汉朝诱敌深入，连放羊的都省了，这让匈奴更加疑虑。后来匈奴俘虏了一个在当地驻扎的雁门尉史，这个边境的小官为了保住自己的命就救了匈奴的命，他把汉武帝的计划全盘托出：马邑就是一个圈套，正等着单于上钩呢。就这样汉武帝精心设计的汉朝版伏击匈奴单于的战役功亏一篑，单于大军在马邑的埋伏圈外踩了急刹车，掉头迅速撤出了长城。

汉武帝刘彻学李牧学得走样，失败也在情理之中，但是这次失败却给了汉武帝一个全新的启发：既然不能把匈奴"请进来"，为什么我们不能"走出去"？事实上，在汉武帝以前，无论是战国时期的魏、秦、赵、燕等与匈奴接壤的国家，还是统一后的秦帝国，对付匈奴的骚扰、侵犯都采取了依托长城防守的战略。前辈的君王、名将们可能也想过出塞远征，不过，这种"走出去"的战法需要大量的骑兵和强大的补给能力，这就意味着需要配备大量的战马和顺畅的物流供应链，这也就意味着惊人的战争预算。以战马为例，战马在古代是极其昂贵的，和游牧地区相比，中原农耕地区的养马成本高得惊人。据出土的汉代简牍记载，汉初每匹马每天的食物消耗相当于三个人的口粮，因此有"军马一月之食，度支田士一岁"的说法。所以说，前辈君王、名将们对付匈奴的战略实际上也是符合国情的现实选择，况且李牧在这种战略之下稍做创新也创造了大破单于、斩虏十万的辉煌战绩。不过到了汉武帝刘彻这里，经过文景之治的积累，汉帝国的国情已经不同于前朝。有钱就可以养马，养马就可以远征，所以在马邑遭到挫折的汉武帝刘彻决定实践一下自己的"走出去战略"。

于是到了四年后

的元光六年(前129年)，汉武帝刘彻决定派军队出去远征，以验证自己的走出去战略是否可行。在那一年汉武帝派出了四路远征军：卫青担任车骑将军，从上谷出发；太仆公孙贺担任轻车将军，从云中出发；大中大夫公孙敖为骑将军，从代郡出发；卫尉李广为骁骑将军，从雁门出发。四路将军各率领一万骑兵从四个不同的方向同时出兵讨伐匈奴。在这次四路大军远征的战役当中卫青创造了一个辉煌的战绩，他迂回到了匈奴的圣地茏（long）城，斩杀俘虏了几百名匈奴人，虽然斩杀俘虏的人数并不多，但是因为卫青是在茏城取得的胜利，所以这个胜利就不同凡响了。根据《史记·匈奴列传》记载，匈奴每年五月都要在茏城举行一次最隆重的宗教活动："五月，大会茏城，祭其先、天地、鬼神。"因为茏城是匈奴每年祭祀祖先、天地和神鬼的宗教圣地，因此对于匈奴来说这里具有特殊的宗教意义和精神象征。现在卫青不仅成功地实践了汉武帝的走出去战略，而且还马踏匈奴的圣地茏城，以实际行动威慑了嚣张的匈奴，这让汉武帝刘彻非常欣慰，从此以后对这位能干的小舅子更加青睐。而在这次四路远征军当中，与卫青同时出征的另外三位将军都战绩不佳。李广遭到了优势匈奴军团的包围，队伍被打散，李广自己也当了俘虏，后来他夺了一匹匈奴的战马逃了回来。公孙敖的部队也遇到了匈奴的主力，他的队伍损失了七千人，也是惨败而归。李广和公孙敖论罪当斩，花钱买命被贬为庶人。公孙贺出去转了一圈根本没有遇到匈奴，既无功也无过。

第二年，元朔元年(前128年)的春天，卫青的姐姐卫子夫给汉武帝生下了一个儿子，这就是后来被立为太子的刘据。卫子夫因此被汉武帝刘彻封为皇后，至此卫子夫正式取代了那位长公主陈阿娇。这对老卫家来说无疑又是一个好消息，从此这个新贵家族开始进入帝国政治的舞台中心。

元朔元年的秋天，卫青再次以车骑将军的身份从雁门出击，这次他率领了三万骑兵，斩杀俘虏了数千匈奴。

第二年，匈奴开始了疯狂的报复，凶悍的匈奴骑兵侵入辽西，杀辽西太守，在渔阳俘虏劫掠了两千多人。汉朝驻扎在渔阳的材官将军韩安国被匈奴杀得大败，损失了数千人马。

为了反击匈奴，汉武帝派李息从代郡出击，车骑将军卫青率领三万骑兵从云中出击。卫青这次一直打到了高阙（今内蒙古杭锦后旗一带），平定了黄河以南的河套地区。在陇西，卫青大败匈奴主力，俘虏了数千人，并缴获了牛羊牲畜几十万头。匈奴在河套地区驻扎的白羊王和楼烦王被卫青打败后率部出逃，至此河套地区正式纳入了汉朝的版图，汉帝国在这里建立了朔方郡（今宁夏、内蒙古的河套地区）。

为了表彰卫青对汉帝国拓展疆土的杰出贡献，汉武帝分封卫青为长平侯，获得食邑三千八百户。跟随卫青出征的校尉苏建因为军功被封为平陵侯，获得食邑一千一百户；另一位跟随卫青出征立功的校尉张次公被封为岸头侯。为了巩固汉朝对朔方郡的控制，汉武帝任命苏建负责修建朔方城，这个工程规模宏大，汉帝国为此投入了巨大的人力和巨额的建设资金。据《史记·平准书》记载："兴十万余人筑卫朔方，转漕甚辽远，自山东咸被其劳，费数十百万巨，府库益虚。"为了建设朔方城汉帝国征派了十余万民夫，粮食补给转运路线非常漫长，为此汉帝国原本充盈的国库逐渐出现了亏空。

汉武帝策划、卫青实施的成功远征强烈地刺激了匈奴单于，单于决定以牙还牙。第二年，匈奴突然偷袭代郡，代郡太守阵亡，匈奴在雁门一代掳掠了上千人。又过了一年，匈奴大规模入侵代郡和定襄等地，斩杀俘虏汉朝军民数千人。

元朔五年(前124年)春天，车骑将军卫青再次出征。不过，这次卫青不再只是某一路远征军的将军，而是一个统领集团军团作战的"总司令"。车骑将军卫青亲自率领三万骑兵从高阙出征，而游击将军卫尉苏建、强弩将军左内史李沮、骑将军太仆公孙贺和轻车将军代理丞相李蔡都被划归到了卫青帐下接受统一领导，皆从朔方出征。与此同时，太行令李息和岸头侯张次公也被任命为将军，配合卫青军团从右北平方向出击匈奴。

匈奴右贤王是这次对汉朝战争的"总指挥"，不过这位匈奴的高官非常昏聩，当时他认为一贯不擅长骑兵作战的汉朝军队距离自己还很遥远，短时间内根本对自己构不成威胁。所以当卫青率领精锐骑兵悄悄地逼近右贤王大军的时候，右贤王正在心情惬意地喝酒。后来当卫青的骑兵包围了右贤王大营并发动攻击的时候，右贤王正酣然入睡。听到帐外喊杀震天，右贤王反应非常迅速，来不及穿衣服就以百米冲刺的速度冲进了马棚，然后爬上了一匹骏马，拍马狂奔而去，留下身后一片混乱的大营。由于右贤王仓皇出逃时只有几百精锐骑兵跟随右贤王突围而去，其他的大股部队在卫青的突然袭击之下都作鸟兽散。

卫青手下的轻骑校尉郭成继续领兵追击，他向着右贤王逃窜的方向追击了几百里，虽然没有抓住右贤王，却俘虏了右贤王的小王十余人，部族男女一万五千余人，牛羊牲畜几百万头。汉军的远征在卫青的领导下大获全胜，收兵撤退。

卫青这次的成功使得汉帝国对匈奴的战争再次上了一个台阶——作为地位仅次于单于和左贤王的匈奴帝国第三号人物，右贤王位高权重，在匈奴草原拥有巨大的影响力。卫青的胜利不仅证明了汉朝骑兵已经具备了不逊于匈奴的长途奔袭能力，而且还证明了匈奴帝国的官吏昏聩无能。这极大地鼓舞了汉武帝跟匈奴死磕到底的决心。

当卫青大军回到边境长城要塞的时候，汉武帝派出使者向卫青授予了大将军印，并当众宣布从此汉帝国的各路军队统一归大将军卫青领导指挥。为了奖励卫青这次大破右贤王的功绩，汉武帝加封了六千户食邑给卫青。加上上次的封赏，大将军卫青的食邑多达九千八百户。从此以后，大将军卫青不仅在政治地位上空前高贵，而且在经济地位上也俨然成为一位大地主。

不仅如此，卫青的三个儿子也被兴奋过度的汉武帝刘彻封了侯，老大卫伉被封为宜春侯，老二卫不疑被封为阴安侯，老三卫登被封为发干侯；而此时卫家的三位公子不仅尚未成年，而且都尚在襁褓之中。这样的封赏太超常了，这让卫青很不适应，他坚决地推辞给儿子的封赏。卫青说："臣幸得待罪行间，赖陛下神灵，军大捷，皆诸校尉力战之功也。陛下幸已益封臣青。臣青子在襁褓中，未有勤劳，上幸列地封为三侯，非臣待罪

行间所以劝士力战之意也。伉等三人何敢受封！"卫青鼓励士卒拼命打仗的时候肯定向手下灌输过多劳多得的分配原则和赏罚分明的价值导向，作为这次远征的第一负责人卫青被封为大官僚、大地主已经充分体现帝国的分配原则了，现在连卫青的三个还在吃奶的儿子也跟着沾光被封侯，而那些拼死奋战的将校、士卒却没有得到任何封赏，这样下去队伍就不好带了。但是皇上的话就是金口玉言，他让卫青的儿子当侯就必须当，不管他们是不是在吃奶。不过汉武帝刘彻也知道必须平衡一下，于是汉武帝再次下诏，封赏跟随卫青出征立下军功的将校：护军都尉公孙敖封为合骑侯，都尉韩说封为龙额侯，骑将军公孙贺封为南窌侯，轻车将军李蔡封为乐安侯，校尉李朔封为涉轵侯，赵不虞封为随成侯，公孙戎奴封为从平侯。将军李沮、李息及校尉豆如意皆封为关内侯。

但就在卫青被封为大将军的同一年的秋天，匈奴骑兵突然侵入了代郡，杀死了都尉朱英。

纵观汉武帝时期的汉匈战争历史，我们可以发现汉武帝走出去的战略核心价值就是将报复进行到底：匈奴杀了汉帝国的臣民，汉帝国就必须杀回去更多。第二年，元朔六年(前123年)的春天，汉武帝派出大将军卫青从定襄出发向匈奴再次发起了不厌其烦的报复。在这次出征队伍当中，合骑侯公孙敖为中将军，太仆公孙贺为左将军，翕侯赵信为前将军，卫尉苏建为右将军，郎中令李广为后将军，右内史李沮为强弩将军，这次出征杀死了上千匈奴。又过了一个多月，卫青领导的大军再次从定襄出发，这次卫青大军斩首俘虏了匈奴万余人。至此，由于卫青大军在这场针对匈奴的复仇行动中杀死了多于前一年匈奴从代郡入侵杀死的汉帝国百姓人数，所以元朔六年春季的军事行动眼看就要圆满成功了。然而就在马上凯旋的时候，苏建和赵信的部队却遭遇了一次意外的失败。

出于集中兵力的考虑，卫青将卫尉苏建和翕侯赵信领导的两支部队在这次春季复仇行动中合并成了一支部队。虽然合并了，但是苏赵联军的规模却不大，只有骑兵三千多人。倒霉的是，这支三千多骑兵组成的兵团不仅远离大部队孤军突进，而且还遭遇了单于领导的匈奴主力。苏赵联军人虽然少，战斗力可是一点不差，既然突然遭遇了人数数倍于己的单于主力而且无路可逃，苏建和赵信就只有迎着单于上了。

苏赵联军虽然勇气可嘉，但是毕竟以寡击重、后无援军，在坚持与单于主力激战了一昼夜以后三千多骑兵损失大半。这时赵信对汉帝国的忠诚发生了动摇，赵信本来就是匈奴人，后来跳槽到了汉帝国捞了个翕侯的爵位。此刻赵信陷入绝境，如果坚持下去肯定凶多吉少，正在赵信犹豫的时候，单于派来了使者诱降赵信。单于看透了赵信的心思，他这样没有原则的人既然可以跳出去，条件合适的话，自然也可以跳回来，现在单于开出的条件赵信根本无法拒绝。就这样，赵信带着剩下的八百多骑兵趁着夜色直奔单于大营而去。

因为赵信的战前倒戈，苏建彻底丧失了与单于对抗的资本，他的部队最后被全歼。尽管如此，苏建仍然创造了一个奇迹，他居然摆脱了单于大军的追杀，单人独骑逃了出去，最后找到了卫青大军。

汉帝国当时的绩效管理遵循的是结果导向而不是过程导向，虽然有

苏建

很多客观原因，但是根据相关规定苏建全军覆没仍然罪责难逃。可是怎样来处罚苏建却是一个难题。根据当时汉帝国的法令苏建的罪过足以斩首，可是客观地说，苏建的全军覆没并不是他个人的错误，作为全军"总司令"，卫青实际上也负有领导责任。杀还是不杀，卫青必须做出选择。就这样，刚当上大将军的卫青遭遇了自己职业将军生涯的第一个重大难题。卫青召集手下商议怎样处置苏建。此时，在卫青帐下效力的议郎周霸提出杀了苏建来树立大将军卫青的威信。他说："自大将军出，未尝斩裨将。今建弃军，可斩。以明将军之威。"所以说，什么事都怕误读。当初司马穰苴斩庄贾，那是庄贾咎由自取，而不是司马穰苴要刻意立威，但很多人认为是司马穰苴开了这个头，中国古代的军营才有了杀人立威的传统。此时，周霸认为苏建既然犯了死罪，正好可以借他的脑袋来给大将军卫青树立威信。军正闳和长史安都不同意周霸的意见，他们说："不然。兵法'小敌之坚，大敌之禽也'。今建以数千当单于数万，力战一日余，士尽，不敢有二心，自归。自归而斩之，是示后无反意也。不当斩。"苏建和单于的实力对比有目共睹，即使换了卫青在相同的情况下也未必能争取到比苏建更好的结果。难得的是苏建并没有向赵信学习投降匈奴，而是拼死逃了回来。如果杀了这样的将军，以后再出现同样的情况大家可能只好学习赵信了。卫青最后总结发言："青幸得以肺腑待罪行间，不患无威，而霸说我以明威，甚失臣意。且使臣职虽当斩将，以臣之尊宠而不敢自擅专诛于境外，而是归天子，天子自裁之，于是以见为人臣不敢专权，不亦可乎？"要当领导者就必须学会综合和妥协，听了正反双方"辩友"针锋相对的意见，卫青拿定了主意。他认为自己对待下属真心诚意、出自肺腑，因此不用担心没有威信，所以周霸关于杀人立威的建议被卫青否定了。但是作为远征军团的最高长官，卫青必须对苏建做出处置，这是他的职责所在。卫青认为自己虽然得到了汉武帝的尊宠，但是不愿对涉及一个将军生死的重大问题擅自做出判断，他建议由汉武帝刘彻对苏建进行最终裁决。大将军卫青手下的官吏听了卫青的话才发现自己的上司不仅能征善战，而且思想水平如此之高，不禁都在心里暗暗叫绝，于是他们异口同声地表态支持。卫青下令先把苏建囚禁在军营里，然后带回长安接受汉武帝刘彻的最终裁决。

汉武帝刘彻赦免了苏建的死罪，把他贬为庶人。后来，这位孤军奋战对抗单于主力的豪杰再次被起用，担任了代郡太守，最后死在任上。苏建有三个儿子，他的二儿子就是那位出使匈奴遭到扣押，后来又被匈奴流放到贝加尔湖一带牧羊的苏武。

霍去病的首次亮相

就在苏建遭遇全军覆没惨败的同一年，在历史上与卫青相提并论的另一位名将霍去病横空出世，以强悍的姿态登上了历史舞台。

霍去病和卫青的关系非同一般，他是卫青的外甥，是卫青二姐卫少儿的儿子。既然是汉武帝和皇后以及大将军卫青的外甥，霍去病一出场就站到了很高的起点上。十八岁的时候，霍去病就得到了汉武帝的重用，被任命为侍中。《史记》记载霍去病"善骑射"。霍去病凭借自己过硬的政治背景和骑射武艺被选中跟随大将军卫青出征，参与了元朔六年春季的那次对匈奴的复仇行动。汉武帝对这位勇猛的少年外甥非常器重，他特意下诏给大将军卫青，让卫青调拨精壮骑兵划归霍去病指挥，并任命霍去病为剽姚校尉。虽然霍去病在走上职业军官的道路上受到了家族的照顾，不过很快霍去病就用自己的战绩证明了汉武帝对自己的重用并非纯粹的任人唯亲。在这次远征当中，刚走上战场的霍去病可谓初生牛犊不怕虎，他率领八百勇猛的轻骑追杀匈奴，一路上斩杀俘虏匈奴两千多人，并且活捉了匈奴的相国、当户、单于的叔父罗姑比等匈奴贵族多人，单于的伯父行籍若侯产在霍去病的追杀中死于非命。我们知道这次出征因为苏建的惨败和赵信的叛逃而蒙上了一些阴影，不过刚走上战场的霍去病却创造了此次出征最辉煌的胜利，成了元朔六年春季反攻的最大亮点——一位比匈奴还擅长长途奔袭的少年军事天才闪亮登场。

远征大军回到长安，汉武帝刘彻马上分封霍去病为冠军侯，食邑一千六百户；上谷太守郝贤因为四次跟随大将军出征，俘虏、斩杀匈奴两千多人而被封为众利侯。由于受到苏建和赵信的影响，这次远征的"总司令"大将军卫青并没有得到进一步的封赏。

虽然食邑没有增加，不过卫青回到长安后领到了一笔丰厚的奖金，汉武帝刘彻赏赐给了卫青"千金"以奖励卫青不辞辛劳的远征。"千金"对平常百姓来说是一笔巨款，不过对于已经拥有近九千八百户食邑的大地主卫青来说其实只是一个数字而已，这样的奖金实际上象征意义更大于实际意义。不过这时候有人比卫青更需要这笔钱，这个人就是刚刚得到汉武帝宠爱的王夫人。于是就有高人向卫青支招了。这位高人名叫宁乘，他劝卫青说："将军所以功未甚多，身食万户，三子皆为侯者，徒以皇后故也。今王夫人幸而家族未富贵，愿将军奉所赐千金为王夫人亲寿。"这位高人点破了卫青获得荣华富贵的最起始原因，虽然卫青的能力毋庸置疑，不过如果没有皇后的关系，汉武帝不可能对卫青如此信任。在统一王朝历史当中皇帝将军权委于一人的做法非常罕见，没有皇帝的绝对信任卫青就不可能决胜于千里之外。现在王夫人也得到了皇帝的宠爱，而王夫人家的经济状况并不理想。于是宁乘提议卫青把这刚领到手的奖金以给王夫人父母祝寿的名义转手送给王夫人，这才是发挥这"千金"价值的最优方案。卫青接受了宁乘的建议，不过在数目上打了五折——用"五百金"给王夫人的父母祝寿。卫青的做法实在耐人寻味。卫青预料自己的"雪中送炭"很可能当晚就会被人汇报到汉武帝那里，如果"千金"全部转手送给王夫人的父母，那么对汉武帝来说可能并不是那么舒服。这样的慷慨行为完全可以被解读成卫青已经在物质上没有追求，那么卫青还要追求什么呢？现在卫青自己留下了一半奖金，送了另一半奖金给王夫人，既做了漂亮的人情，又向皇帝传递了这样的信号：卫青很珍视皇帝的赏赐。果然，汉武帝不久就知道了卫青给王夫人父母送钱的事，他饶有兴趣地询问了卫青怎么想到做这样的好事。卫青原原本本地复述了宁乘的建议，汉武帝刘彻非常高兴，马上提拔宁乘当了东海都尉。

这时那位历史上成功地与西域各国建立外交关系的传奇人物张骞回到了长安，为了表彰张骞的突出贡献，汉武帝分封张骞为博望侯。因为张骞熟悉匈奴和西域各国的地理环境和风土人情，因此汉武帝把张骞派到了大将军卫青的帐下听候调遣。据《史记》记载，由于有了这位匈奴"活地图"当军中向导，卫青如虎添翼，"知善水草处，军得以无饥渴"，从此在大漠草原上行军不再被迷路和找不到水源而困扰。

霍去病速度

霍去病被封为冠军侯之后的第三年，元狩二年(前121年)的春天，霍去病被封为骠骑将军，成为帝国军界地位仅次于卫青的重量级人物。骠骑将军一接到任命后马上率领一万骑兵从陇西出征，并且立下了对得起骠骑将军这个头衔的辉煌战功。根据战后汉武帝对霍去病的表彰文件，霍去病这次越过了乌鳌山，征讨了遬濮国，跨过了狐奴河，前后经过了五个王国，对这里的大批财物辎重和被大军吓得不知所措的人们，他没有去收缴抓获——他一心想抓到单于的儿子。元狩二年的这次出征历时六天，大军突破到了焉支山（今甘肃山丹县境内）以北一千多里，并连续与匈奴主力激战。一路上霍去病斩杀了匈奴的折兰王和卢胡王，活捉了浑邪王子及相国、都尉，斩杀俘虏了八千九百六十多人，最后还缴获了休屠王用来祭天的宗教圣物金人。不过经过六天的连续激战，霍去病带去的一万骑兵损失了七成，只有三千人活着回到了长安。

让匈奴伤心的霍去病被汉武帝刘彻加封了两千户食邑，至此霍去病的食邑为三千六百户，距离舅舅卫青还有很大的差距，如果卫青是大地主，此时的霍去病只能算中地主。

元狩二年的夏天，精力旺盛的霍去病再次出发了。这次合骑侯公孙敖和骠骑将军霍去病配合并分两路从北地出击，与此同时博望侯张骞和郎中令李广也兵分两路从右北平出发。这次出征李广率领四千骑兵遭遇了左贤王数万骑兵的合围，由于率领一万骑兵的张骞没有及时赶到，李广苦战两天，虽然部队阵亡过半，不过他们也杀死数目更多的匈奴。就在李广即将全军覆没的时候张骞才赶到，左贤王大军发现出现了生力军只好撤退。这次博望侯张骞由于没有按时赶到会师，导致李广部险些遭到全歼，张骞论罪当斩，他自己花钱买了条命回来，被汉武帝贬为庶人。

另一边的霍去病和公孙敖也不顺利。合骑侯公孙敖跟随霍去病从北地出发深入匈奴腹地之后就迷路了。在通讯落后的汉朝，公孙敖失去了与霍去病的联系。失去了援军的策应，霍去病并没有动摇胜利的信心，他一路杀到了祁连山，斩杀、俘虏了众多匈奴。根据汉武帝对霍去病远征的总结和表彰文件，此次霍去病的进攻路线是这样的：先渡过钧耆河，然后越过居延水，经过小月氏，最后挺进到了祁连山。在这里霍去病俘虏了酋涂王，匈奴集体投降的有两千五百人，被斩杀的有三万两百人，活捉了五个匈奴王、五个匈奴王的母亲、单于的王后阏氏、匈奴王子五十九人，还俘获匈奴相国、将军、当户、都尉等共六十三人。这次跟随霍去病出征的将士大概减员了十分之三。汉武帝追加了五千户的食邑给霍去病，至此霍去病的食邑达到了八千六百户，与舅舅卫青的食邑只差一千户。

不仅如此，这次跟随霍去病出征的将校们得到了丰厚的奖赏，其中跟随霍去病到达小月氏的校尉们都得到了左庶长的爵位。鹰击司马赵破奴两次跟随骠骑将军出征，屡立军功，因此封赵破奴为从骠侯，食邑一千五百户。校尉句王高不识被封为宜冠侯，食邑一千一百户。校尉仆多有军功，被封为辉渠侯。合骑侯公孙敖因为迷路没能及时和霍去病会师，论罪当斩，后来交了罚款，买了一条命回来，不过合骑侯是没得当了，被贬为庶民。

霍去病这次远征在失去了公孙敖策应的情况下居然能大获全胜，一路斩获颇多，实在是创造了汉朝对匈战争的奇迹。根据《史记》记载，霍去病当时享有优先选拔士兵的权力，而在马匹和武器装备的配备方面霍去病也享有特权。当时的一些前辈老将率领的兵士以及马匹武器都比不上骠骑将军霍去病的。霍去病本身天不怕地不怕的性格再加上精兵和好马，更加助长了霍去病冒险奔袭的勇气。纵观霍去病作为主将指挥的这两次战争，都是大胆深入敌境，亲自率领精壮的骑兵抛开大部队先行，这种战法在通常的兵家理论里被认为是大忌——如果遇到优势敌军的包围后果不堪设想。不过霍去病却能屡次冒险、屡次创造奇迹，似乎运气总是站在他这一边。扶栏客认为霍去病的成功经验就是一个字：快。帝国最年轻迅猛的战将指挥着帝国最优秀的骑兵和战马，这一切因素使得霍去病的骑兵军团仿佛一支射出去的箭——无往不利。匈奴无法适应霍去病的速度，所以只有屡次伤心失败。霍去病的速度为他创造了夺取更多胜利的战机，而他果敢强悍的性格让他总是能抓住稍纵即逝的战机。这样年轻就得到了皇帝如此的器重和帝国全力的支持，再加上霍去病从未遭受挫折而保持了少年特有的锋芒和自信，这一切使得霍去病的战法成为后世无法复制的一种经典。而那些年纪和资历堪称霍去病父辈的老将们却经常因为行军迟缓无法捕捉有利战机，于是挫折也就在所难免。

从此以后，骠骑将军无论在经济地位还是在政治地位上都逐渐向大将军卫青靠拢，《史记》记载："由此骠骑日以亲贵，比大将军。"

为了纪念这两次霍去病给匈奴带来的伤心痛苦，匈奴的民间音乐家创作了那首著名的匈奴民歌："失我祁连山，使我六畜不蕃息。失我焉支山，使我妇女无颜色。"今天当年这首脍炙人口的匈奴民歌的旋律已经无从考证，不过这两句忧伤的歌词足以说明霍去病的远征对匈奴造成的心理震撼。这个一贯在草原上称雄的强悍民族第一次有了强烈的危机感，那些来自农耕区的人们现在也可以骑在马背上和匈奴争雄了，而匈奴的生存空间正随着汉帝国的一次次远征逐渐北移。

成功受降

霍去病在西线的两次成功的远征打痛了单于，直接导致了匈奴帝国的一次内讧。

元狩二年的秋天，因为西线的浑邪王屡次遭到骠骑将军霍去病的重创，忍无可忍的单于终于发怒了。他下令召集浑邪王回到单于王廷"汇报工作"。说是汇报工作，其实就是要借浑邪王的人头来炒作，以挽救处于败势的匈奴帝国。接到单于王廷的命令，站在秋风中的浑邪王觉得异常寒冷，他知道如果自己真的应召去了王廷，那么他就不会看到来年草原上漫山遍野的野花了。浑邪王不想死，于是他找到休屠王商量，休屠王上次也被霍去病杀得惨败，还弄丢了祭天的金人，所以不禁也产生了兔死狐悲的忧伤。最后两个倒霉的匈奴王一商量，留在匈奴早晚横竖都是个死，不如干脆投奔汉朝。于是两位匈奴王决定先派出了使者前往汉朝边境去联络。此时大行李息正率领部队在黄河岸边筑城，接到浑邪王使者的口信，他立即就派人快马加鞭飞驰到长安向汉武帝汇报。元狩二年真是一个创造奇迹的年份，像浑邪王这样的匈奴王主动要求投降在此之前从未出现。汉武帝刘彻有点不敢相信，他担心浑邪王诈降，于是就命令骠骑将军霍去病率领主力前往边境迎接浑邪王和休屠王。

在另一边等待消息的浑邪王和休屠王这时却发生了内讧。休屠王可能突然发现自己不至于被单于杀掉，于是产生了被浑邪王利用的感觉，休屠王想反悔了。浑邪王紧张了，如果休屠王主动向单于报告，浑邪王可能就要被就地处决。于是，浑邪王先下手为强，杀死了休屠王，并且吞并了休屠王的部落和军队。

那一边，骠骑将军的大军正在日夜兼程赶来接应浑邪王。

骠骑将军霍去病渡过黄河以后，远远地望见了浑邪王的部队。这时浑邪王的阵营又发生了分裂，浑邪王的裨将们对投降汉朝产生了动摇，毕竟单于要杀的人是浑邪王不是他的手下。如果真的跟着浑邪王投降了汉朝，这些人不仅要远离自己祖辈居住的草原，而且还要去面对一个前途叵测的

单于

未来。所以当浑邪王的手下将领看到霍去病的大旗的时候，很多人选择离开浑邪王，逃向草原深处，浑邪王的队伍乱了。这一切被对面的霍去病看得一清二楚，如果浑邪王此时控制不住局面，这次受降仪式很可能演变成一场混战。情况紧急，只有先下手为强。霍去病当机立断，立即率领精锐骑兵飞马奔向了浑邪王的大军。霍去病见到浑邪王表明身份，然后立即开始行使受降的职责。他下令投降免死，逃跑和抵抗的就地处决，于是八千个想要逃走的匈奴被霍去病镇压了。浑邪王军中一时间一片血腥——如果选择逃跑就等于把后背留给了霍去病的弓箭。剩下的匈奴再次被霍去病的速度震撼了，只好投降。于是霍去病下令护送浑邪王一个人回到自己的大营，然后霍去病立即率领刚接收的浑邪王部队渡过黄河，成功完成了这次惊险的受降。

这次跟随浑邪王投降的有四万多人，为了宣传汉帝国的伟大武功，对外号称十万。为了安抚投降的浑邪王部族，汉武帝特批了一笔巨额预算，用来赏赐投降匈奴的钱多达"数十巨万"。汉武帝下诏分封浑邪王为漯阴侯，食邑一万户；浑邪王的小王呼毒尼为下摩侯，鹰庇为煇渠侯，禽梨为河綦（qí）侯，大当户铜离为常乐侯。作为成功执行这次受降任务的霍去病，汉武帝当然也不能把他落下，于是再次增加一千七百户的食邑给骠骑将军。此时，年轻的霍去病的食邑已经超过舅舅卫青，成为帝国军人的首富。由于浑邪王吞并了休屠王的部族并且投降了汉朝，因此在西线，汉帝国的国防压力大大缓解。为了减轻全国百姓的兵役和劳役负担，汉武帝下令将陇西、北地、上郡等几个西线军区的军队裁军一半。

过了不久，汉帝国就把归降的匈奴人分别迁徙到边境五郡原先的边塞以外，但是仍然处于黄河以南，让他们保留着原有的习俗，作为汉帝国的属国。

第二年，受到强烈刺激的单于派出骑兵入侵右北平和定襄，杀死并掠走汉朝军民一千多人。

对单于的最后一击

又过了一年，元狩四年(前119年)，雄心勃勃的汉武帝刘彻酝酿了一个彻底解决单于的大胆计划，他召集诸位将军们公布了自己的想法："翕侯赵信为单于画计，常以为汉兵不能度幕轻留，今大发士卒，其势必得所欲。"元朔六年(前123年)，翕侯赵信兵败投降了匈奴，由于熟知汉朝的国情和军事，所以赵信后来就充当了参谋长的角色，为单于出谋划策。过于熟悉汉朝的赵信犯了经验主义的错误，他认为汉朝军队不可能穿越沙漠去进攻单于，于是单于就把部族和军队主力集中到了大漠以北，认为这样可以高枕无忧。赵信虽然了解汉帝国的军事和国情，但是并不了解汉武帝刘彻的个性，在这位立志要超越父辈的皇帝的字典里没有"不可能"。越是艰难险阻、越是无法完成，就越能让这位具有冒险家性格特征的皇帝兴奋起来，果然，汉武帝提出了越过大漠打击单于主力的建议。在汉武帝看来，这样不按照常理出牌肯定能收到奇效。

元狩四年春天，汉武帝命令大将军卫青、骠骑将军霍去病各率五万骑兵分两路出征，几十万步兵和后勤补给队伍紧随其后。汉武帝预感到这次探险似的远征很可能是对单于的最后一战，为了平衡帝国的政治力量，他不想把这个不世之功留给已经是帝国第一重臣的大将军卫青，而是刻意安排由霍去病来完成这漂亮的最后一击。于是那些敢于拼命的精壮士兵都划拨给了骠骑将军霍去病。一开始汉武帝接到的情报显示单于主力出现在定襄方向，于是他命令骠骑将军从定襄出兵迎击单于主力。后来汉朝抓到了匈奴的俘虏，据俘虏交代，单于主力已经向东开拔了，于是汉武帝改变计划命令骠骑将军从代郡出兵，而大将军卫青从定襄出兵。为了配合好霍去病的奇袭，大将军卫青这一边的声势格外壮观，几位宿将都跟随卫青出征，其中郎中令李广为前将军，太仆公孙贺为左将军，主爵都尉赵食其为右将军，平阳侯曹襄为后将军，而丢掉侯爵的公孙敖为中将军。大将军卫青和骠骑将军霍去病各率领五万骑兵，同时出击。

人算不如天算，历史的宿命决定完成对单于最后一击的人只能是卫青。

当卫青大军越过沙漠，单于主力出现在了卫青大军的面前。

起《史记》青重的豪本奢兵家 ③

赵奢 李牧

廉颇 王起

赵 卫去 赵颇

牧 白起

去病 颇

卫青

在汉帝国分兵两路出发远征大漠的时候，单于接到了情报。虽然赵信判断失误，不过他仍然是匈奴的最佳参谋长人选，他继续给单于支招："汉兵既度幕，人马罢，匈奴可坐收虏耳。"在赵信看来，穿越沙漠的汉军一定会人困马乏，根本无力抵挡以逸待劳的单于主力的冲击。于是单于下令把辎重粮草全部运到遥远的北方，然后安排精兵在大漠以北等待汉军。大将军卫青的骑兵队离开长城一千多里，突然遭遇了单于的主力，出现在卫青面前的单于主力正摆好了阵势等着汉朝的军队。卫青立即下令把一种叫武刚车的封闭式战车排成环形营垒，又命令五千骑兵主动出击，抵挡匈奴。单于主力的一万骑兵此时也迎着卫青飞奔而来，决战的时刻到了。

此刻正是黄昏日落，残阳似血。

漫天刮起大风，飞沙走石，对面看不清人影。

卫青下令汉军张开左右两翼包抄单于。单于在赵信的忽悠下先是没想到汉朝能跨过大漠突然出现在自己面前，接着再次没想到穿越了大漠的汉军并不像赵信说的那样人困马乏、不堪一击。所以，当单于看到汉军骑兵以这种拼命的姿态向自己迎面扑过来的时候不禁在心理上失去了优势。一贯骄横的单于此刻突然丧失了信心，他认为在这种情况下交战对匈奴很不利。因此，当夜幕逐渐降临的时候，失去斗志的单于乘坐着一辆六头骡子拉的车带领着几百精壮骑兵突围出去，向西北方向逃走了。

人们在昏暗的空间里开始了混战和厮杀，到处血肉横飞，虽然单于逃走了，不过单于主力的战斗力仍然相当惊人，最后两军的伤亡数字基本相同。后来当汉军左校捉到了匈奴俘虏，这才从俘虏的嘴里得知单于已经逃走的消息。可见单

于不仅不了解对手，也不了解自己的手下，知己知彼两头不占，这场决战必败无疑。于是卫青派出轻骑兵连夜追击，大将军自己率领大部队紧随其后。这场追杀一直持续到黎明，卫青大军已经追击了两百多里，仍然没有发现单于的踪迹。卫青一路上俘虏和斩杀了单于主力骑兵一万多人，后来一直追到了寘（tián）颜山赵信城，这里是单于囤积军粮的地方。卫青的部队得到了大量的粮食，后勤补给一下子解决了。在匈奴的老巢，卫青的骑兵们埋锅造饭，单于留下来的粮食喂饱了汉朝的士兵们。在这里卫青大军休整了一天，然后就撤走了，临走前卫青放了一把火，把剩下的带不走的粮食付之一炬。

在大将军卫青同单于会战时，前将军李广和右将军赵食其的军队向东方进军，因为迷了路，李广和赵食其没能按时和卫青会师。直到大将军卫青打败单于，领兵回到大漠以南时，才遇到了前将军李广和右将军赵食其。大将军卫青例行公事想要写个汇报材料向汉武帝解释，就命令长史催促前将军李广写一个汇报，详细说明迷路的原因和经过。一生坎坷的老将李广无法容忍再次遭到刀笔吏的盘问，于是拔刀自杀。右将军赵食其回到长安后论罪当斩，赵食其也像前人一样按规定交了罚款，然后被贬为庶民。大将军卫青回到汉帝国的境内，清点统计了俘虏和匈奴的人头，最后得出的数字是斩杀俘虏匈奴一万九千人。

遭受到这次沉重打击，匈奴帝国风雨飘摇。

匈奴部众在与单于失去联系十多天以后，右谷蠡（lí）王自立为单于。后来单于回来了，仍然恢复了匈奴帝国最高首领的地位，右谷蠡王废除了单于的名号。

抬霍抑卫

骠骑将军霍去病这次出征也率领了五万骑兵，军需物资也与大将军卫青相同，但却没有合适的人充当裨将。于是骠骑将军就任用李敢等人做大校，充当裨将。霍去病虽然没有按照汉武帝的计划完成对单于的最后一击，不过他仍然斩获颇多。霍去病大军从代郡、右北平出发后行军了一千多里就遇上左贤王的军队，他们斩杀和俘虏的匈奴已经远远超过了大将军卫青。从战后汉武帝对霍去病的总结和表彰诏书来看，再次证明了汉武帝抬霍抑卫的政治战略思想。武帝的诏书大概意思是这样：骠骑将军霍去病率领军队出征，亲自率领从前俘获的匈奴士兵，携带很少的辎重补给，穿越大沙漠，渡河后活捉了单于的近臣章渠，诛杀匈奴小王比车耆。接着向匈奴左大将发起了进攻，斩获敌人旗鼓。霍去病翻越了离侯山，渡过弓闾河，捕获匈奴屯头王和韩王等三人，以及将军、相国、当户、都尉等八十三人。然后在狼居胥山祭天，在姑衍山祭地，并且登上高山远眺大漠。共捕获俘虏和杀敌七万零四百四十三人，霍去病的部队大概减损十分之三。骠骑将军的部队从匈奴那里缴获了粮食，所以虽然深入敌境也没有断粮。因此加封五千八百户食邑给骠骑将军霍去病，至此霍去病的地产已经远远超过舅舅卫青，帝国第一个军界地主的地位无人可以撼动。不仅如此，跟随霍去病远征的各路将领也得到了丰厚的封赏，其中路博德因为按时与骠骑将军在与城会师，后来又跟随霍去病到达梼余山，俘虏和斩杀匈奴两千七百人，所以被封为符离侯，食邑一千六百户。北地都尉邢山跟随骠骑将军俘虏匈奴小王，被封为义阳侯，食邑一千二百户。从前投降汉朝的匈奴因淳王复陆支、楼专王伊即轩都因为跟随骠骑将军远征立下军功，所以复陆支被封为壮侯，食邑一千三百户，伊即轩被封为众利侯，食邑一千八百户。从骠侯赵破奴、昌武侯赵安稽跟随骠骑将军立下军功，各增加三百户的食邑。校尉李敢因为夺取了敌军的军旗战鼓，被封为关内侯，食邑二百户。校尉徐自为被授予大庶长的爵位。另外骠骑将军霍去病属下的官兵被提拔和受到奖赏的人也很多。

与此形成鲜明对照的是，汉武帝在表彰诏书中不仅对大败单于的大将军卫青只字未提，而且也没有给卫青更多的封赏，大将军卫青的手下也没有人因为这次立下大破单于的奇功而被封侯。

当卫青和霍去病所率领的两支大军准备出塞远征的时候，边塞上做了统计，当时汉帝国征调的官府和私人马匹共十四万匹，而当他们回来的时候，剩下的战马不满三万匹。由此可见，这次远征的规模之大的确惊人。

后来，汉武帝增设了大司马的职位，并且同时任命卫青和霍去病出任大司马；而且明确规定骠骑将军的官阶和俸禄与大将军完全一样。至此，谁都可以看得出大将军卫青已经成了放进冰箱的水果，逐渐失去了新鲜和吸引力；而骠骑将军霍去病仿佛春雨后的竹笋，在迅速地拔节长大。根据廉颇门客当年总结的市场规律，从此大将军卫青的府邸逐渐冷清了起来，只有一位名叫任安的不肯抛弃卫青，一直追随着这位已经在仕途上走下坡路的大将军。

《史记》记载霍去病的性格特点有八个字，那就是"少言不泄，有气敢任"。从这八个字可以看出霍去病是典型的行动派和实干家，不仅少说多做，而且敢作敢为。为了培养自己的外甥，汉武帝刘彻曾经想亲自教导他学习孙子和吴起的兵法。霍去病的回答惊世骇俗，颠覆了兵家的传统，他说："顾方略何如耳，不至学古兵法。"在霍去病看来，战场的形势瞬息万变，只要掌握战争的普遍规律就可以了，照搬前人的兵法并没有多大的实际意义。后来汉武帝为霍去病特批预算，专门修建府第。骠骑将军的豪宅建好以后汉武帝让外甥去参观一下，霍去病的回答再次颠覆了传统而创造了经典，他回答说："匈奴未灭，无以家为也。"这话一下子说到汉武帝刘彻的心坎里去了，从此以后，汉武帝对这个年轻的外甥更加宠爱并委以重用。

不过司马迁对霍去病的缺点也没有隐晦，据《史记》记载，霍去病"然少而侍中，贵，不省士"。十八岁就开始当侍中的霍去病从来没有尝到过普通人的艰辛和苦恼，所以霍去病发达以后并不像中国的传统名将那样爱兵如子，有时候甚至根本忽略士卒的感受。司马迁举了这样一个例子，霍去病一次带兵出征，汉武帝派遣太官赠送他几十车食物。皇上赏的东西当然都是高档货，不过这些玩意对十八岁就开始在皇宫里当差的霍去病来说毫无新意。所以当霍去病班师撤军的时候，就把许多剩余的粮食和肉像垃圾一样丢掉了；但是那时候，霍去病手下的士兵军粮并不充裕，经常需要忍饥挨饿。更离谱的是，霍去病带兵在塞外打仗的时候，这位帅哥仍然不忘记锻炼身体，他经常在空地上画一个球场，然后开始"蹴鞠"（踢球）。但是他手下的士兵因为缺粮，有些人饿得都站不起来了，可从小没有挨过饿的霍去病对此好像熟视无睹。

与此形成对照的是，大将军卫青的为人"仁善退让，以和柔自媚于上，然天下未有称也"。从司马迁对卫青的性格描述中我们发现卫青性格随和、忍让，对汉武帝百依百顺。只是到了后来，汉武帝对这位"以和柔自媚于上"的大将军似乎心存戒备，所以一味抬霍而抑卫。不仅如此，这样谦和仁善的一位大将军竟然在大众舆论中也没有得到应有的地位和肯定，这实在耐人寻味。

元狩六年（前117年），年轻的骠骑将军霍去病突然暴病去世，年仅二十四岁。如此年轻的霍去病以短暂而辉煌的六年战争生涯在历史上留下了辉煌的一笔，无论在当时还是在现在，这位勇猛的帅哥都具有令人过目不忘的明星气质。汉武帝非常悲痛，于是为自己的外甥安排了一场规模空前的葬礼。为了彰显骠骑将军一生的伟大战功，汉武帝调遣边境五郡的铁甲军排成军阵，庞大的队伍一直从长安排到了茂陵。另外汉武帝命令把霍去病的墓修成祁连山的样子，以纪念他在祁连山一带的赫赫战功。为了突出霍去病的勇武和对帝国拓展疆域的巨大贡献，汉武帝钦定霍去病的谥号为景桓侯（据考证，"布义行刚曰景，辟土服远曰桓"）。霍去病的儿子霍嬗继承了父亲冠军侯的爵位，虽然霍嬗当时还很小，不过汉武帝仍然对这个孩子寄予厚望，希望他长大以后能继承父亲的事业，成为一代名将。不过非常不幸，这个孩子比霍去病还短命，只过了六年，即元封元年（前110年），霍嬗也去世了，汉武帝为了寄托哀思就赐给他哀侯的谥号。霍嬗死的时候可能尚未成年，所以也没有留下后代，至此霍去病这一支就彻底断了香火，他的封地因为没有人继承而被帝国收回。

霍去病盛极而死仿佛是卫青家族的一个转折点，此后不久，大将军卫青的长子宜春侯卫伉因犯法而被剥夺了侯爵。五年以后，卫伉的两个弟弟阴安侯卫不疑和发干侯卫登都"坐酎金失侯"。"坐酎金失侯"的意思就是因为给朝廷上贡的助祭金成色不足或者分量不够而被剥夺侯爵。朝廷每年都要举行盛大的祭祀，身为诸侯的贵族们有义务向朝廷贡献祭祀需要的黄金，如果黄金的成色不足或者分量不够，那就不仅是欺骗皇帝，更是欺骗上天，这样的诸侯自然就没有资格继续享受朝廷的分封了。翻开《史记·年表》，可以发现汉朝的很多诸侯都因为这个罪名被夺取爵位，扶栏客认为这可能是一个莫须有的罪名。当一个贵族家族在失去皇帝的宠信而又没有犯下明显错误的情况下，"坐酎金"就是帝国剥夺他们爵位的最好理由。此后两年，冠军侯霍去病的封国被废除。

在完成了对单于的"最后一击"后的十四年，大将军卫青去世了，汉武帝加封他的谥号是烈侯。在此期间没有发生对匈奴的战争，这里面有两个原因：首先是因为汉朝马匹的减少，已经无法组织大规模的骑兵远征；其次是当时正在讨伐南方的东越和南越，和东北方的朝鲜也发生了战争，还和羌人、西南的少数民族发生了冲突。

因为大将军卫青娶了平阳公主的原因，所以长子卫伉才能接替侯爵，当上了长平侯。但是六年以后，卫伉却再次因为犯法而被朝廷剥夺了侯爵。

司马迁在《史记·卫将军骠骑列传》的最后记述了一段自己和苏建的有趣对话。苏建曾经跟司马迁说起当年自己曾经劝卫青多培养自己的势力，他说："……大将军至尊重，而天下之贤大夫毋称焉，愿将军观古名将所招选择贤者，勉之哉！"也就是说卫青虽然位高权重，但是当时的社会名流士大夫并没有称赞他的，所以苏建建议卫青广纳门客，培养自己的党羽力量，这样就可以起到引导舆论的作用。不过卫青对苏建的建议不以为然，他说："自魏其、武安之厚宾客，天子常切齿。彼亲附士大夫，招贤黜（chù）不肖者，人主之柄也。人臣奉法遵职而已，何与招士！" 魏其侯窦婴和武安侯田蚡当年以广招门客、培植党羽著称，他们的行为遭到了汉武帝的嫉恨。因此最后两个人都没得到好下场，窦婴被判处死刑，而田蚡死在了病床上。所以卫青不愿意重蹈覆辙，他认为为臣之道奉公守法就可以了，不广招门客，也就不会开罪皇帝。卫青是这么想的，也是这么做的，他的一生低调谨慎，最后终于得以善终。霍去病受到舅舅的影响，也继承了这种明智的为臣之道。

不过非常不幸，卫青和霍去病虽然保全了自己，却没能保全自己的家族后人，后来卫伉卷入了太子刘据与汉武帝的政治斗争，卫家遭到灭门屠杀。不仅如此，卫青生前极力维护的太子刘据也在血腥的政治斗争中死于非命，不仅没当上皇帝还成了不忠不孝之人。虽然后来汉武帝有所悔悟，对太子刘据进行了不完全的平反，但是卫青生前苦心孤诣地力挺太子继承皇位的努力算是白费了。

事实上，司马迁在《史记·佞幸列传》中也提到卫青、霍去病。"佞幸" 指的是以谄媚而得到君主宠幸的人。由此可看出，太史公对卫青、霍去病的态度是"亦以外戚贵幸，然颇用材能自进"。

▶ **想一想，猜一猜**

1. 为什么那个在甘泉宫服役的囚徒见到少年时代的卫青就预言卫青以后会封侯？

2. 请你评价一下在马邑之围以后汉武帝刘彻推出的主动出击远征匈奴的战略对汉朝和后世的影响。

3. 为什么霍去病敢于采取冒险的长途奔袭战术而且还屡次取得胜利？

4. 与司马穰苴、吴起、王翦等前辈名将相比，霍去病对于普通士兵并不关心，但是即便如此霍去病仍然屡战屡胜，这是为什么？

5. 请你设想一下，如果霍去病没有英年早逝，而是活到八十岁，后来中国的历史会发生什么样的变化？

▶ **我是考证控**

1. 请你考证一下，卫青大败单于的武钢车是什么样子，武钢车又是怎样使用的。

【封狼居胥】

狼居胥，在今内蒙古自治区西北部。此山地处荒漠，鲜有草木，且长年风大沙多。

封狼居胥指西汉大将霍去病登狼居胥山筑坛祭天以告成功之事。

【冠军】

冠军侯，是西汉曾经出现的列侯爵号，取"勇冠三军"之意。霍去病因征匈奴等军功封冠军侯，因以"冠军"称之。

匈奴未灭，何以家为。

——霍去病